KB270973

성도입니까?(Ⅰ)

Are You a True Christian ?

참 성도로 이끄는 소그룹 시리즈
(성경 공부, 구역 공부, 청년 대학생)

성도입니까? (Ⅰ)

Are You a True Christian ?

서 임 중 목사
황보 갑 목사　공저

신교횃불

머리말

20세기의 성자라 불린 간디가 갈파한 우리를 파멸케 하는 것들 일곱 가지 가운데 하나인 희생 없는 신앙은 오늘을 살아가는 그리스도인들이 새겨볼 말이다. '희생 없는 신앙'은 곧 교회의 몰락을 예고하는 경고이며, 성도가 성도로서의 기본자세를 잃어버렸다는 책망이기도 하다. 그리스도인이 소명(Calling)의 인지(認知)와 응답이 없다면, 사명(Mission)의 인지와 수행도 불가능하게 된다. 거기서 교회는 생명을 잃어가고 맛잃은 소금이 되어 세상에 밟히게 된다.

오늘의 교회 약점을 지적한다면 교회로서의 주기능의 혼돈이라고 할 수 있다. 다른 말로 표현하면 본질과 비본질의 혼돈이다. 교회의 본질이 무엇인지를 바르게 이해하지 못하는 데서 교회의 비본질이 나타나는 것이다. 그것은 한 마디로 성도로서의 본질을 상실했다는 뜻이다.

신학교에서 강의를 하면서, 교회 지도자 세미나 및 부흥 사경회 강사로 헌신하면서 늘 마음에 무거운 짐이 되는 것이 성도가 성도로서의 기본자세를 갖추지 못하고 신앙생활을 하는 것이었다.

입술의 고백은 요란한데 삶의 고백은 연출되지 못하는 근간이 성도로서의 기본을 알지 못하고 거룩한 하나님의 백성으로서의 지식이 부족한 것을 보고 느끼면서, 이 문제를 해결할 수 있는 것이 무엇인가를 고민하였다.

그러던 중 해외에서 한인교회 목회를 하면서 동일한 고민으로 아파하는 황보 갑 목사와 교회의 본질에 대하여 의논하던 중 성도로서의 본질에 대한 성경적 교훈과 그 가르침을 통해 성도로서의 교회 생활과 그리스도인으로서의 사회생활을, 빛과 소금으로서의 사명적 삶을 실천할 수 있는 길잡이 역할을 할 수 있는 교재를 발간하고자 하는 마음이 하나가 되었다.

이로 인하여 한국교회와 전 세계 이민교회의 목회 현장에서 실제적으로 경험된 다양한 문제들을 말씀으로 치유할 수 있고 보다 아름다운 그리스도인의 삶을 살아갈 수 있는 방법론으로서의 내용을 말씀을 통해 찾아 정리하게 되었다.

한국교회 성도들의 신앙과 삶은 필자가, 해외교회 성도들의 신앙과 삶은 황보 갑 목사가 목회 경험을 바탕으로 보다 구체적이며 실질적인 문제에 접근하여 성도가 성도로서의 소금과 빛된 삶을 살아갈 수 있는 본질회복에 역점을 두고 본 교재를 연구 집필하게 되었다.

보다 구체적인 성경적 깊이를 발견할 수 있도록 연구한 황보 갑 목사의 전문성과 영성에 경의를 표한다. 필자 또한 그것을 신앙생활에 적용하고 성령님의 인도하심을 경험하면서 성도로서의 보다 아름다운 삶을 실천할 수 있도록 하는 데 주안점을 두고 본 교재를 집필하였다.

모쪼록 이 책이 사용되는 곳마다 성령님의 역사가 일어나리라 믿으며 이 책이 출간될 수 있도록 물심양면으로 후원해 주신 포항중앙교회 당회에 심심한 감사를 드린다.

포항중앙교회 목양실에서
서임중 목사

본 교재를 발간하면서

성도입니까(Are You a True Christian?)

이 질문은 이 책을 접하는 당신을 향한 질문이요, 오늘의 교회를 향한 질문이요, 이 세대를 반영한 질문이다.

예수님 또한 질문하고 계신다. "인자가 올 때에 세상에서 믿음을 보겠느냐"(눅18:8). 주님의 간절한 소원(mind) 또한 말세에 참 성도(True Christian)를 찾고 계심을 볼 수 있다.

그동안 한국교회는 선교 1세기 짧은 기간 동안 외적인 교회성장에 몰두한 결과 놀라운 교회성장을 가져왔다. 특히 과거 선교사를 받던 나라에서 선교사를 전 세계에 파송하는 선교대국으로까지 급부상했다. 지역마다 수많은 교회가 세워졌고, 구름떼처럼 많은 사람들이 교회당 뜰을 밟고 다니며 또 다녀갔으며, 성도라는 이름으로 교회와 세상에서 살아가고 있다.

문제는 오늘날 한국교회에 대하여 많은 사람들이 위기라고 진단하고 있다는 것이다. 그 이유로 교회성장 감소, 세상으로부터 교회의 외면, 전도의 문이 막히고 있는 위기감 등을 들 수 있을 것이다. 그 위기의 원인이 외적인 요인도 있지만 보다 근원적인 문제점은 참 성도들의 모임인 교회가 되지 못했기 때문이다.

오늘의 한국교회와 세계 이민교회의 성도를 바라보는 필자의 마음 또한 안타까움과 함께 무거운 책임을 통감한다. 주님 앞에 회개하는 눈물이 흐른다. '목자로서 주님이 맡겨주신 양 무리를 참 성도로 양육하는 데 최선을 다 했는가?' 에 대한 스스로의 질문에 대한 회개이다.

본 교재를 집필하게 된 동기와 목적이 바로 여기에 있다. 이미 교회당 뜰을 밟고 성도란 이름은 가지고 있으나, "당신은 성도입니까?" 라는 질문에 아멘으로 응답하지 못하는 수많은 종교인의 교인들을 참 신앙인의 성도로 양육하기 위함에 있다.

바라기는 본 교재가 한국교회와 전 세계 이민교회에서 사용되어 지금까지 종교인적 매너리즘에 빠져있는 신앙, 물량주의적인 신앙, 율법주의적인 신앙, 무속적인 신앙, 유교적인 신앙, 불교적인 신앙의 자리에 머물러 있는 수많은 성도들을 그 자리에서 불러내(Called Out) 예수 그리스도의 복음으로 돌아가서 참 성도의 정체성을 정립하는 계기가 되길 간절히 소망한다.

그리하여 참 성도가 모인 교회가 되어 세상에 복음의 빛과 맛 내는 소금의 사명을 통해 예수님의 대위임령인 선교의 사명을 잘 감당함으로 날마다 구원받는 자가 더하는 교회가 되길 기도한다.

Glendale Korean Presbyterian Church 목양실에서

황보 갑 목사

교재 활용을 위한 제언

1. 목표

본 교재의 목표는 성도의 삶 가운데 구체적으로 주어지는 신앙과 삶에 대한 물음의 해답을 성서적으로 밝히 알게 함으로써, 성도 자신이 누구인가에 대한 분명한 성서적인 정체성을 발견하게 하여 하나님께서 성도를 세우신 그 뜻과 그 사명을 감당케 하는 데 있다.

2. 구성

당신은 지금 성도로서 다시 거듭 날 수 있는 놀라운 도구를 만났다.

이 교재는 여느 도구와 같이, 그 도구가 사용될 때 그 진가를 발견할 수 있다. 만약 당신이 본 교재를 도구로 사용한다면, 성도가 무엇인가에 대한 분명한 해답을 얻게 될 것이고, 또 당신의 삶 속에 구체적으로 적용한다면 비로소 이 교재의 효과를 실감나게 느끼게 될 것이다.

본 교재는 당신에게 질문할 것이다.

당신은 성도인가?

그리고 다음 10개의 주제의 질문을 받게 될 것이다.

참 성도로 이끄는 소그룹 시리즈(Ⅰ)

제 1 권 / 성도의 관점(Point of view)으로 전환되었습니까?

제 2 권 / 목적을 지닌 존재(being)임을 아십니까?

제 3 권 / 구원 받은 성도입니까?

제 4 권 / 왜 살아가고 있습니까?

제 5 권 / 새 힘을 공급받는 성도입니까?

제 6 권 / 성도의 신앙으로 자라가고 있습니까?

참 성도로 이끄는 소그룹 시리즈(Ⅱ)

제 7 권 / 성도의 교회입니까?

제 8 권 / 성도의 가정입니까?

제 9 권 / 세상에 보냄을 받은 성도입니까?

제 10권 / 면류관 성도입니까?

본 교재는 당신의 삶 가운데서 주어지는 여러 질문을 스스로 신앙진단 해 고백하여야 하며, 그 진단의 물음에 대한 해답을 말씀을 통해 처방하게 됨으로써, 성도로서의 분명한 정체성을 발견하고 행복한 신앙의 삶을 살도록 인도할 것이다.

3. 본 교재 활용방법

본 교재는 7단계로 구성되어 있다.

1) 삶의 진단

이 단계는 그동안 자신이 생각하고 살아온 신앙의 삶에 대하여 진솔한 질문이 주어지는 단계다.

특히 그동안 자신의 신앙에 대한 의문과 고뇌의 부분들을 함께 진단 할 수 있어야 한다.

2) 계시의 말씀

이 단계는 자신이 진단한 부분에 대하여 성경은 어떻게 말씀하고 있는가를 발견하는 단계다.

따라서 먼저 말씀을 깊이 묵상하고 체험해야 한다. 그리고 그 묵상한 말씀을 자신이 진단한 물음에 비추어 봄으로 지금까지 자신의 사고와 행위를 말씀을 통해 검증 받을 수 있을 것이다. 만약 자신의 사고와 진단에서 말씀의 현미경에 비추어 보아 왜곡된 부분이 발견되었다면 성경적인 신앙의 삶으로 수정하는 계기가 되어야 하며, 자신의 진단의 물음이 계시의 말씀과 일치하는 부분에 대하여는 더욱 더 발전시키는 기쁨을 얻을 수 있을 것이다.

말씀을 묵상하고 나눌 때 심화학습이나 보충 그리고 주석을 먼저 보지 말라. 그 이유는 하나님이 주시는 영감과 은혜를 차

단하는 우를 범할 수 있기 때문이다. 말씀 묵상과 나눔 후 참고 내용을 살펴보라.

3) 진단과 말씀의 관계성

나 자신에 대한 진단을 계시된 말씀에 비추어서 보고, 자신이 말씀의 계시에 따른 분명한 신앙의 정체성을 정립하고 또 발견하여 확신해야 하는 단계다.

4) 변화

본 단계에서는 이미 성도의 정체성 정립에 따른 구체적인 사고와 삶의 변화를 기대하는 단계로서 나, 가정, 교회, 세상에 적용한다.

5) 성도입니까?

본 단계는 본과의 마지막 단계로 "성도입니까?" 라는 질문에 분명히 고백을 할 수 있어야 한다. 더 나아가서 구체적인 자신의 삶을 정리하고 결단하여 몸 된 교회와 세상에서의 성도의 삶을 살도록 결단해야 한다.

6) 말씀 묵상과 나눔

본 교재를 통한 공부는 진도에 제약을 받지 말고 충분한 말씀 묵상과 나눔이 필요하다. 시간의 제한이 있을 경우 함께 나눈 부분에서 그날의 공부를 마무리 하라.

7) 함께 찬양하고 기도하기

매번 성경공부는 매권 마지막에 있는 찬송을 뜨겁게 부르고 기도하며 옆 자리에 있는 형제자매의 손을 잡고 1분 정도 중보 기도를 드리고 마무리해야 한다.

4. 본 과정에 임하는 자세

지금까지 교회의 많은 성경 프로그램에 참여했을 것이다. 그 성경공부 참여 동기가 교회의 성도와 직분자로서 의무감과 책임감에서 참여한 경우가 있고, 또 잘 아는 성도가 참여하니 자신도 참여하는 경우도 있고, 또 성경의 지식을 얻기 위해 참여한 경우 등 다양할 것이다.

본 성경공부에 참여하는 성도는 다음과 같은 분명한 자세를 가지고 성경공부에 참여하게 될 때 놀라운 영적인 은혜는 물론 삶의 변화를 가져올 것이다.

1) 본 성경공부 과정이 자신의 생애의 처음이자 마지막이란 자세를 가지고 열린 마음과 열정으로 끝까지 참여한다.

2) 본 성경공부 과정을 통하여 자신의 정체성이 무엇인가를 발견하겠다는 마음으로 참여한다.

3) 본 성경공부 과정에서 자신의 삶 가운데 의문시 되는 부분을 진솔히 진단하고 고백할 수 있는 용기가 필요하다.

4) 본 성경공부 과정에서 자신의 사고와 성경말씀의 이해가 상충되는 부분이 일어났을 때, 과감히 자신의 사고를 말씀의 사고로 전환시키려는 결단의 믿음이 요구된다.

5) 구원의 확신(Today, 고백, 동행, 증거)이 고백되어야 한다.

6) 성도로서의 교회가 무엇인가를 이해해야 한다.

7) 풍성한 은혜의 체험이 무엇인가 고백되어야 한다.

8) 성도의 삶으로 변화를 결단해야 한다.

| 차 례 |

제 1 권 성도의

관점(Point of View)으로
전환되었습니까?

사색의 강가에서

이 세상 안에는 라이프니쯔와 같은 낙천주의자(Optimist)와 쇼펜하우어와 같은 염세주의자(Pessimist)가 함께 공존하고 있다는 것은 매우 흥미 있는 일이다. 라이프니쯔는 "이 세계가 모든 가능한 세계 가운데서 가장 좋은 최선의 세계"라고 말한다. 그는 "존재하는 모든 것이 다 선하다"고 믿었다.

그림에서 보기 싫은 색채가 오히려 그림 전체의 아름다움을 나타내는 데 도움이 되고 있듯이, 비록 이 세상에 유한자의 눈에 악으로 보이는 것이 있을지라도 우주 전체의 훌륭함을 위해서는 불가결한 요소일 수도 있다는 것이다.

그런가 하면 쇼펜하우어는 인생을 악으로 보고 있다. 인생의 기본요소가 고통이며, 쾌락이란 고통이 끝났다는 소극적인 상태에 불과하다고 믿었다. 그리고 만약에 이 세상에 선이 있다면 그 중의 최대의 선은 죽음이라고 말했다. 이 악한 세상을 떠날 수 있는 유일한 길이기 때문이다. 결국 우리는 이 두 사람에게서 인생을 바라보는 두 가지의 태도, 서로 다른 관점을 보게 된다. 그리고 어떤 관점을 취하며, 어떤 안경을 쓰느냐에 따라 인생을 긍정적으로 받아들이게도 되며 부정적으로 대하게도 됨을 알게 된다. 관점의 차이가 가져다 주는 결과는 엄청나다.

— 「무엇이 삶을 아름답게 하는가」에서

성도의
관점(Point of View)으로 전환 되었습니까?

관점이란 어떤 것들을 바라보는 시각이다.

사람은 저마다 추구하는 관점을 가지고 살아가고 있다.

오늘 이 시간 성경공부에 참여하고 있는 여러분들도 다양한 관점으로 신앙과 세상을 살아가고 있다. 가령 이 우주가 우연 또는 저절로 만들어 졌는가? 아니면 하나님이 창조하였는가? 또 하나님이 존재하는가? 존재하지 않는가? 인간 출생이 단지 남자의 정자와 여자의 난자를 통한 생물학적 존재의 산물인가? 아니면 하나님에 의해 창세 전에 인간 개개인에 대한 특별한 목적으로 디자인되어 남녀의 몸을 통해 이 땅에 태어난 목적의 존재인가?

이처럼 자신과 사물을 바라보는 관점에 따라 그 다양한 삶을 추구하게 되며, 그 삶의 가치관과 방법이 다르다. 가령 무신론을 신봉하는 과학자나 사람들은 세상의 모든 원인과 결과에 대한 관점은 인간 지식에 의존한다. 그 결과 인간 지식의 한계성에 도달하게 되면, "나는 할 수 없다"는 절망적이고 부정적인 사고에 기인할 수밖에 없다. 반면에 하나님을 믿는 자들은 인간 지식의 한계를 통한 현실적인 절망의 물음에 대한 해답의 상징 체계를 하나님의 관점에 의존하므로, 나는 할 수 없지만 하나님은 할 수 있다는 긍정적인 믿음의 사고로 살아간다.

이 교재를 접한 당신은 이미 성도라는 칭호를 받고 교회에 출석하고 있다. 그리고 교회에서 여러 직분까지 받은 분도 있을 것이다. 따라서 주일마다 교회에 출석하여 사도신경으로 신앙을 입술로 고백하고 있다.

문제는 여기에 있다.

모든 성도들이 형식과 외형적으로 날마다 입술로 하나님을 고백하고 있으나, 그 구체적인 삶의 자리에서는 피조물의 관점에서 사고하고 행동하고 있다는 점이다. 따라서 필요에 따라 하나님의 관점과 피조물의 관점 사이를 넘나들며 교회 생활을 하고 있다는 점이 문제이다.

본 책의 제목이 『당신은 성도입니까?』이다. 이 물음에 아멘으로 화답하기 위해서는 첫 단계로 "당신의 관점을 전환해야" 한다. 지금까지 성도로서 자기 필요 중심의 피조물적이고, 입술로만 고백하는 자기중심적인 관점에서 과감하게 나와서 지, 정, 의가 동반된 하나님 중심의 관점으로 전환하게 하는 것이 본 과의 목적이다.

1. 진단

진단은 의학용어이다.

진단은 의사가 환자의 병에 대한 근원과 상태를 파악하는 필수적인 의료 행위의 첫 단계다.

성도의 신앙도 진단에서 시작되어야 한다. 성도 자신의 영적인 건강상태가 어떠한지 또 어떤 영적 질병 증상이 있는지에 대하여 성도 스스로 말씀을 통해 진단할 수 있는 능력이 있어야 한다.

다음 질문은 지금까지 당신이 어떤 관점을 가지고 살아가고 있는지에 대한 진단이다.

1) 당신은 하늘과 우주의 수많은 별들 그리고 땅 위의 만물들을 바라보면서 이 우주만물이 어떻게 창조되었는지에 대하여 의문을 가져 본 적이 있는가?

____

____

____

만약 천지 창조에 대하여 성경 말씀대로 하나님이 창조한 것으로 확신할 수 있는가? 아니면 확신은 가질 수 없으나 성경에서 말씀하고 또 교회에서 가르치니 그렇게 생각할 뿐인가? 이같은 의문과 관련하여 당신이 그동안 생각했던 바에 대한 분명한 고백이 필요하고 또 자신의 견해를 서로 나누어 보자.

____

____

____

　2) 만약 당신이 천지를 하나님이 창조했다는 확신을 가졌다면, 하나님의 창조세계를 통해서 창조의 신비를 한 가지씩 말할 수 있는가?

____

____

____

　3) 당신은 온 우주와 만물을 하나님이 창조했다고 생각한다면 만물의 영장인 사람은 누가 만들었다고 생각하는가? 하나님이 만든 만물의 하나인 원숭이 종의 동물에서 진화된 것일까? 아니면 성경 말씀대로 하나님이 손수 흙과 생기를 통해 창조했을까? 그동안 자신이 생각하고 확신을 가지지 못한 바가 있다면 함께 나누어 보자.

____

____

____

　4) 만약 당신이 하나님만이 인간을 창조하실 수 있다고 생각

한다면 하나님이 만든 인간이 동물과 어떤 점에서 차이가 있으
며, 또 인간 존재에 대한 신비로움(영적, 육적)에 대하여 한 가
지씩 말할 수 있는가?

————————————————————————

————————————————————————

————————————————————————

  5) 만약 당신이 우주와 인간을 하나님이 창조했다는 사실을
생각의 차원에서 믿음의 차원으로 확신할 수 있다면, 이 우주와
나의 삶의 모든 시작과 과정과 종결과 문제 해결의 근본적인 해
답은 어디에서 찾아야 한다고 생각하는가? 이사야 64:8을 묵상
해 보라.

————————————————————————

————————————————————————

————————————————————————

📖 **심화학습**

관점: 바라보기

사고(思考), Thought or Thinking: 생각과 궁리하는 정신적인 작용.
사고의 종류에는 히브리적, 헬라적, 연역적, 귀납적 사고가 있다.

＊히브리적 사고: Why라는 질문의 사고이다. 가령, 왜 예수님이 이
땅에 오셨을까요? 예수님이 이 땅에 오신 이유를 묻는 물음이다. 해

답: 인간 구원을 위하여.

＊헬라적 사고: How라는 질문의 사고이다. 가령, 어떻게 예수님이 이 땅에 오셨을까? 해답: 예수님의 탄생에 대한 의문을 제기한다. 즉 생물학적 사고인 난자와 정자(사람의 아들)로의 탄생이 아닌 성령님의 잉태(하나님의 아들).

＊연법적 사고: 일반화된 대전제에서 소전제로의 방식이다. 가령, 모든 사람은 죽는다(대전제), 소크라테스는 죽는다(소전제), 그러므로 모든 사람은 죽는다(결론).

＊귀납적 사고: 경험으로부터 대전제를 이끌어 내는 방법이다. 가령, 소크라테스는 죽는다, 석가도 죽는다, 공자도 죽는다, 그러므로 모든 사람은 죽는다(결론).

2. 말씀

진단과 관련된 각자의 사고 관점들의 질문에 대한 해답의 상징체계로 성경은 어떻게 말씀하고 있는가?

1) 천지 창조

① 구약 창1:1을 읽고 묵상하라.

"태초에 하나님이 천지를 창조하시니라"

____

____

　본문은 신구약 성경 맨 첫 책인 창세기 1장 1절의 말씀으로 하나님의 장엄한 천지 창조로부터 시작되었다.

　본문에서 누가 천지 창조를 선포 하였는가?

____

____

____

📖 심화학습

하나님(gods 아닌 God): gods는 세상의 수많은 신 개념에 사용된다. 가령 귀신을 포함한 신들이다. 한국의 신 종류는 273종이고, 일본은 8만 귀신, 대만은 1천 신들이 존재한다.　그러나 God는 오직 한 분이신 삼위일체 하나님이다.

본문에서 천지창조의 때는 언제인가?

____

____

태초(in the beginning, 한 처음, 시간)

본문에서 창조물은 무엇인가?

____

____

천지(the heavens, 공간 and the earth, 물질), 창조(created) 무(無)에서 유(有)의 창조이다. 그러므로 하나님께서 창조하신 우주(cosmos)는 시간과 공간과 물질의 연속체이다.

본문에서 창조에 관한 주요한 4 단어의 의미를 분명히 이해 했는가?

____

____

위의 본문에서 창조에 관한 말씀을 분명히 이해하였다면, 이제 다시 묻는다.

① 당신은 성도로서 이 천지가 우연히 그리고 저절로 만들어 졌다고 믿는가? 아니면, 하나님이 직접 디자인하여 만들어 졌다고 믿는가? 한 사람씩 분명한 고백을 해 보자.

____

____

② 시 8:3을 읽고 묵상해 보자.

"주의 손가락으로 만드신 주의 하늘과 주께서 베풀어 두신 달과 별들을 내가 보오니"

____

____

본문은 시편기자가 하나님께서 우주를 창조하신 분임을 쉽고, 분명히 이해시키기 위하여 말씀으로 창조하신 것을 사람의 인체를 통한 의인법으로 묘사하고 있다. 그 묘사의 내용은 무엇인가?

____

____

신약에서는 하나님의 창조를 어떻게 증거하고 있는가?

③ 골1:16-17을 읽고 묵상해보자.

"만물이 그에게서 창조되되 하늘과 땅에서 보이는 것들과 보이지 않는 것들과 혹은 왕권들이나 주권들이나 통치자들이나 권세들이나 만물이 다 그로 말미암고 그를 위하여 창조되었고, 또한 그가 만물보다 먼저 계시고 만물이 그 안에 함께 섰느니라"

본문은 바울이 골로새 교회에 보낸 서신으로 그리스도가 창조에 주(主)되심의 증거이다.

당신은 본문 말씀을 깊이 묵상하고 이해했는가?

____

____

____

골로새 교회에 이단사상(영지주의 등)의 침투로 인하여 그리스도론이 혼란을 가져왔다. 따라서 바울은 그리스도가 이단이 주장하는 에온(영적 계급) 수준의 신분이 아니라, 온 우주와 만물과 통치자와 권세의 주가 되신 그리스도의 탁월성을 증거하고 있다.

본문에서 가장 분명히 이해해야 할 말씀은 "그"라는 단어 이다. "그"가 몇 번 반복하여 표기되어 있는가?

____

____

____

그리고 "그"는 누구를 지칭하는 말인가?

____

____

____

📖 심화학습

하나님의 계심과 우주창조에 대한 확신을 위해 심화학습이 필요하다.

① 원인(原因)과 결과(結果)를 통하여

이 세상에 존재하는 모든 것에는 반드시 그 원인과 결과가 있다. 그러므로 창조 결과의 원인은 바로 하나님이다.

② 우주의 질서를 통하여

우주가 질서 정연하게 움직이는 것은 창조자의 목적 하에 정확하게 디자인되었기 때문이다.

윌슨(Willson) 천문대에서 우주를 바라보면 약 10억 개의 별을 볼 수 있다. 우주에는 지구보다 133만 배나 큰, 태양 같은 별이 300만 개 떠 있다. 그리고 1초에 지구(둘레 약 8만리)를 일곱 바퀴반을 회전하는 빛의 속도로 약 1억 년이 걸려야 우주를 한 바퀴 돌 수 있다고 한다. 이 광활한 우주가 충돌 없이 질서있게 움직이는 것이 우연일까? 분명히 디자인한 자가 있다.

그러므로 하나님의 우주 창조는 우연의 우주 생성론인 빅뱅 이론(Big Bang, 대폭발)을 거부할 뿐 아니라, 빅뱅이론은 오히려 창조주 하나님의 창조계획의 오묘함을 깨닫게 해 주는데 도움을 준다.

과학이론인 빅뱅(Big Bang, 대폭발이론)을 살펴보자.

1929년 미국의 천문학자 허블(Hubble)이 팽창하는 우주를 주장하였고, 1948년 미국학자 조지 가모프(George Gamow)가 빅뱅의 우주 기원론을 제창했다.

빅뱅이론은 우주는 모든 물질이 한 점에 모여 일으킨 대폭발의 결과로 보고 있다. 이렇게 대폭발한 우주는 계속 팽창하여 수많은 은하를 계속해서 만들고 있다. 이 우주는 대부분 수소(3/4)로 존재하고, 헬륨이 1/3이 존재하고 있다. 그런데 우주의 연속 팽창을 위한 핵융합에 절대적으로 기여하는 것이 헬륨이다. 이 헬륨이 생성되려면 적어도 온도가 1,000만도를 유지해야 한다. 또 우주의 종말은 이 별들이 팽창하는 과정 중에 발생하는 핵융합 과정에서 수소와 헬륨이 완전히 고갈하는 때로 보고 있다.

빅뱅이론의 문제점:

ⓐ 추정이론이다.

빛이 도달할 수 없는 거리에 있는 우주의 온도가 같을 수 있을까? 가령, 우주 나이가 10만년도(100~200억년)일 때, 우주 생성 후 빛의 속도로 10만년 간 달린 빛의 최대 주파거리는 10만 광년거리보다 클 수가 없다. 그렇다면 빛이 달려도 도달할 수 없는 거리에 온도가 같을 수 있을까?

ⓑ 자기 단극자가 사라짐이다.

우주의 계속적인 팽창의 빅뱅을 통하여 반드시 발생해야 하는 것이 자기 단극자이다. N극은 S극의 반쪽 자석을 말한다. 현재 N 자기 단극자의 사라짐을 어떻게 설명할 수 있는가?

ⓒ 끝없는 의문에 따른 추론은 계속된다. 빅뱅의 문제점에 대한 구스(Guth)가 내놓은 인플레이션(inflation) 이론이 있다.

③ 동식물의 정밀한 계획성과 적응성을 통하여

벌은 꿀을 위해 꽃을 찾지만, 꽃은 벌을 통해 열매를 맺는다. 사람의 모든 생김새에 모든 기능으로 정확하게 작용하고 있다(가령, 눈썹, 눈, 귀, 코 등).

④ 수학적으로 창조의 신비를 생각해 보라.

지구는 적도에서 1,000마일 떨어진 거리에서 회전한다. 만약 1,000마일이 아니고 500마일이나 100마일의 거리에서 회전한다고 생각해 보자. 그 결과, 낮과 밤이 10배나 길어지고 그렇게 되면 채소류나 식물들이 다 타 죽거나, 얼어 죽거나 할 것이다. 또 태양의 표면은 화씨 약 10,000도인데 지구와 알맞은 거리에 있기 때문에 적절한 온도를 유지하고 살 수 있다. 또 지구의 각도가 23도 기울어져 있기 때문에, 춘하추동의 4 계절이 있다. 또 지구의 껍질이 10%만 더 두터웠다면, 산소가 없었을 것이다.

⑤ 동물의 지혜를 통해서 창조의 신비를 생각해 보라.

연어는 어린 시절 몇 해 동안 바다에서 살다가 자신이 태어난 강으로 정확하게 되돌아간다. 뱀장어 또한 신비한 지혜가 있다. 강이나 호수에서 살던 뱀장어가 성숙하여 새끼를 낳을 때는 깊은 바다로 이주한다. 그 곳에서 새끼를 낳고 죽는다. 놀라운 것은 그 새끼들이 알 수 있는 것은 망망한 바다뿐이지만, 그 새끼들은 자기 부모가 살던 그 강으로 정확하게 찾아 간다는 것이다. 가령, 유럽의 뱀장어들은 몇 천 마일의 바다를 건너서 대서양 버뮤다(Bermuda)군도까지 이동하여 바다 깊숙한 늪지대에서 새끼를 낳고 죽는다. 신기한 것은 아메리카의 뱀장어가 유럽에서 잡힌 일이 없고, 유럽 뱀장어가 미국에서 잡힌 일이 없다는 것이다.

⑥ 보이지 않으면 없는 것인가?

사람들은 창조물에 대한 신비와 오묘함에도 불구하고 하나님을 믿으라고 하면, 하나님을 보여 달라고 한다. 그러나 인간의 시력으로 다 볼 수 없는 것이 이 세상에는 많이 존재한다. 가령, 인간의 시력으로 볼 수 없는 것은 두 가지다. 첫째, 과학자들이 말하는 작은 물체인 입자와 파동이다. 둘째, 온 우주의 실체를 볼 수 없다. 그러므로 보이지 않는다고 없다는 것은 비과학적인 사고이다. 하나님은 사람의 눈에 보이지 않는 존재이지만, 존재한다고 믿는 것이 과학적인 사고이다.

⑦ 보이는 것이 전부인가?

우리 눈에 보이는 것이 참 모습일까? 아니다. 보이지 않는 것에서 참이 존재한다. 가령, 나무에 무성한 잎사귀를 제공해 주는 것은 보이지 않는 생명이다. TV 화면을 볼 수 있게 해 주는 것은 보이지 않는 전파 때문이다. 낙엽을 공중으로 날게 하는 것은 보이지 않는 바람 때문이다. 그러므로 눈에 보이는 하나님만 믿겠다는 사고의 관점은 비과학적인 사고이다. 고후4:18을 보면 "보이는 것은 잠깐이요 보이지 않는 것은 영원함이라"고 기록하고 있다.

작은 결론

이제 당신은 우주 창조에 대하여 어떤 관점을 가지게 되었는가? 우주가 하나님의 계획 속에 창조된 것인가? 아니면 우연의 일치인가? 한 사람씩 창조 신앙에 대한 분명한 관점을 서로 고백해 보자.

당신이 성도로서 하나님의 천지 창조를 지적, 감정적, 의지적 믿음으로 고백하였다면 당신의 삶 가운데 일어나는 모든 문제를 어떤 관점에서 바라보고 그 해결 방법을 찾아야 할까? 가령,

모든 문제와 해결을 바라보는 관점을 하나님의 관점 또는 인간의 관점에서 생각해 보라.

____

____

____

보충학습

하나님은 모든 원인의 주가 되시며 동시에 모든 것의 해결자이시다.

2) 인간 창조

① 구약 창2:7을 읽고 묵상해보자.

"여호와 하나님이 땅의 흙으로 사람을 지으시고 생기를 그 코에 불어넣으시니 사람이 생령이 되니라"

본문은 인간창조에 대한 하나님의 말씀이다. 먼저 본문에 언급된 중요한 4단어를 이해할 수 있는가?

____

____

____

〈주석〉

흙(the dust of the ground, 무가치를 의미함), 사람(the man 하나님의 최고 걸작품), 생기(the breath of life, 하나님의 숨결),

생령(a living being, 무에서 살아 있는 유의 존재).

본문에서 당신은 흙, 사람, 생기, 생령에 대한 단어의 의미를 깊이 묵상하고 이해했는가? 본문 말씀을 분명히 이해했다면 인간은 누가 만들었는가?

____

____

하나님이 인간을 직접 만드셨다는 것을 믿는다면, 하나님이 인간을 손수 만드실 때 사용한 두 가지 요소는 무엇인가? 본문에서 찾아 적어보자.

____

____

하나님이 인간 창조 시에 사용한 재료가 어떤 영적인 의미가 있는지 나름대로 설명할 수 있는가? 창3:19과 창2:7을 묵상하고 답하라.

흙의 시작과 종착은?

____

____

____

생기의 시작과 종착은?

본문과 관련하여 흙으로 만든 인간 육신의 몸과 예수님이 강림하실 때 믿는 자의 육신의 몸이 어떤 변화가 있는지를 설명할 수 있는가? 고전15:51-54을 읽고 답하라.

📖 심화학습

인간창조:

하나님이 만드신 인간은 그 자체가 신비롭다. 인간은 다른 동물과 달리 하나님의 형상으로 창조되었고 또 영적 이성의 힘을 가지고 있다는 점이다. 가령, 동물은 숫자의 개념이 없지만, 사람은 숫자 개념뿐만 아니라 생각, 판단, 절제할 수 있는 신비로운 두뇌를 가지고 있다. 그리고 인간은 하나님을 개념으로 품을 수 있는 상상력을 지니고 있으며, 선과 악의 분별력이 있는 양심이 있다는 점이다.

부활의 몸:

육체와 부활의 몸에 대하여 이해하고, 부활의 순서는 어떻게 되는가? 고전15:52을 읽어보라.

② 창1:24-27을 읽고 묵상해보자.

"하나님이 이르시되 땅은 생물을 그 종류대로 내되 가축과 기는 것과 땅의 짐승을 종류대로 내라 하시니 그대로 되니라 하나님이 땅의 짐승을 그 종류대로, 가축을 그 종류대로, 땅에 기는 모든 것을 그 종류대로 만드시니 하나님이 보시기에 좋았더라. 하나님이 이르시되 우리의 형상을 따라 우리의 모양대로 우리가 사람을 만들고..."

본문에서 4번이나 반복해서 강조하고 있는 말씀이 무엇인지 찾아 적어보라.

____

____

____

하나님이 모든 창조물을 "종류대로 만드셨다"는 것은 구체적으로 무엇을 의미하는가?

____

____

____

보충학습

하나님은 최초의 창조물, 즉 짐승, 생물, 사람 등이 하나도 같은 종에서나 유전이나 진화됨이 없이 그 종의 독특함에 따라 만드셨다는 것이다. 가령, 현재 동물원에 있는 원숭이는 언제 사람으로 진화될까?

당신은 하나님의 창조물이 그 종류대로 창조되었다는 사실을 믿는다면, 인간 역시 순수한 인간의 종으로만 창조되었다는 사실을 믿을 수 있는가?

____

____

오늘날 진화론자들의 주장처럼 원숭이 종에서 인간의 종으로 진화되었다는 주장에 대하여 당신의 분명한 신앙이 요구된다.

📖 심화학습

진화론의 효시는 찰스 다윈이다.

진화는 크게 두 가지 대전제를 가진다. 하나는 대진화이다(대진화는 A종에서 B종으로 진화). 둘은 소진화이다(소진화는 A종에서 A1, A2, A3, 다양한 형태로의 진화, 예;쉬파리의 종이 500정도)

그러므로 사람은 대 진화가 될 수 없으며, 사람은 사람으로 창조되었을 뿐이다.

위의 본문에서 인간과 생물 창조과정에는 근본적인 차이가 있음을 발견할 수 있다. 그 창조과정에서 어떤 본질적인 차이가 있는가?

____

____

창1:24-27, 2:7과 관련하여 하나님이 땅의 생물을 창조할 때는 말씀으로 창조하셨으나, 인간창조는 하나님이 하나님의 형상과 모양으로 손수 흙으로 빚으시고, 생기를 코에 넣어 만드셨다는 점이다. 이것은 인간이 얼마나 하나님의 사랑과 목적과 관심의 대상인가를 보여준다. 그러므로 인간은 모든 만물 위에 만물을 다스리는 권세로서 창조의 왕관의 위치를 점하고 있다.

창1:24-27을 다시 읽어 보자.

"하나님이 이르시되 땅은 생물을 그 종류대로 내되 가축과 기는 것과 땅의 짐승을 종류대로 내라 하시니 그대로 되니라 하나님이 땅의 짐승을 그 종류대로, 가축을 그 종류대로, 땅에 기는 모든 것을 그 종류대로 만드시니 하나님이 보시기에 좋았더라 하나님이 이르시되 우리의 형상을 따라 우리의 모양대로 우리가 사람을 만들고 그들로 바다의 물고기와 하늘의 새와 가축과 온 땅과 땅에 기는 모든 것을 다스리게 하자 하시고 하나님이 자기 형상 곧 하나님의 형상대로 사람을 창조하시되 남자와 여자를 창조하시고…"

본문에서 하나님의 형상과 모양의 의미를 이해할 수 있는가?

____

____

____

하나님의 형상은 자기 형상(창1:27)인 단수형과 우리의 형상(창1:26)인 복수형으로 계시되었다. 이는 삼위일체 하나님을 의미한 표현이다. 이 형상은 곧 하나님의 형상(1:27)으로 예수 그리스도 안에서 하나님의 형상을 본다(요14:9). 하나님의 형상은 하나님의 이미지(image)다. 즉 하나님의 속성인 의, 진리, 거룩함으로 인간을 만드셨다(엡4:24). 그리고 그 형상은 하나님을 알 수 있도록 지음받았다는 것이다.

창세기에 인간을 하나님의 형상과 모양대로 만드신 것으로 표현된 것은 형상의 이미지를 반복적으로 강조한 말이다. 하나님의 형상을 본 사람은 모세뿐이다(민12:8, 시17:15 비교). 이스라엘 백성들은 하나님의 형상을 보지 못했다. 그 이유는 이스라엘 백성들이 하나님을 눈에 보이는 사물의 모습으로 바꾸어 놓을 소지가 있었기 때문이다(신4:12).

하나님이 인간을 다른 생물과 달리 손수 자기 형상대로 창조하셨는지, 그 깊으신 뜻이 무엇인가? 자신의 생각을 서로 말해보자.

____

____

보충학습

하나님이 인간을 손수 만드시고 또 자기의 형상대로 지으신 것은 크게 두 가지의 영적인 의미가 있다.

첫째, 존귀한 존재로 창조했다(사43:4, 막8:36을 묵상하라).

둘째, 목적을 위한 존재로 창조했다(사43:21을 묵상하라).

작은 결론

이제, 당신은 인간이 원숭이 종으로부터 진화된 존재가 아니라, 하나님께서 손수 자신의 형상으로 지으신 존귀한 목적을 지닌 존재임을 확신할 수 있는가?

____

____

만약, 위의 물음에 "예"라고 대답하였다면, 이제 당신은 성도로서의 자신의 존재를 바라보는 관점에 어떤 변화를 기대할 수 있을까? 가령, 비교문화, 열등감, 부정과 긍정의 사고와 관련하여 자신의 변화된 관점을 서로 고백해 보자.

____

____

3) 그리스도 안에서

이제 당신은 성도로서 천지와 인간을 하나님께서 창조한 사실에 대하여 분명한 신앙고백을 하였다. 그렇다면 당신의 삶의 자리에서 하나님 안에서 사고하고 행하는 관점으로 대전환이 있어야 한다.

① 갈2:20을 읽고 묵상하라.

"내가 그리스도와 함께 십자가에 못 박혔나니 그런즉 이제는 내가 사는 것이 아니요 오직 내 안에 그리스도께서 사시는 것이라. 이제 내가 육체 가운데 사는 것은 나를 사랑하사 나를 위하여 자기 자신을 버리신 하나님의 아들을 믿는 믿음 안에서 사는 것이라"

본문은 바울이 갈라디아 교회에 율법적 관점의 생활방식에서 벗어나 그리스도 관점의 생활원리를 가르치면서 자신의 변화된 신앙생활 관점을 고백하고 있다.

본문에서 바울이 율법적인 관점에서 그리스도 중심의 관점으로 변화된 결정적인 은혜의 사건은 무엇인가? 본문에서 찾아 적어보라.

십자가는 성도의 변화된 관점의 중심에 서 있다. 십자가는 옛 사람은 죽고 새 사람으로 거듭나게(Turning Point) 하는 통로요, 구원의 다리이다. 누구든지 십자가를 통하지 않고는 그리스도 중심의 관점으로 변화될 수 없다.

본문에서 "이제는 내가 사는 것이 아니요 오직 내 안에 그리스도께서 사시는 것이라"는 의미를 이해할 수 있는가? 서로 자신의 의견을 나누어 보자.

본문의 원문적인 해석은 "내가 산다. 그러나 내가 아니다. 내 안에 그리스도가 사신다."는 극히 생생한 표현이다. 바울은 그리스도가 내 안에 산다는 것은 그의 개성이 어떤 무한이나 열반에 흡수된 것이 아니라, 그의 주체성인 내가 그리스도에 몰입된 것이 아니라, 그리스도의 마음이 그의 영의 개념을 채우고 그의 양심을 밝히며 그의 관점을 바르게 인도한다는 것이다.

본문에서 바울은 자신을 십자가에 못 박은 후 그의 육신적 삶의 관점이 어떻게 변화 되었는지를 본문 가운데서 찾아 적어보라.

―――――――――――――――――――――――――

―――――――――――――――――――――――――

작은 결론

당신은 예수 그리스도와 함께 당신 자신을 십자가에 못 박았다. 그리스도 안에서 거듭난 새로운 존재로서 삶에 대한 관점이 변화되어야 한다. 바울처럼 그리스도 안에서 모든 것을 바라보고 생각하고 계획하며 믿고 행하기로 작정하는가?

―――――――――――――――――――――――――

―――――――――――――――――――――――――

만약 위의 물음에 "예"라고 대답하였다면, 이제 당신은 성도로서의 자기 삶의 모든 영역에서 어떤 변화를 기대할 수 있는가? 가령, 모든 일을 내가 할 것인가? 아니면 그리스도 안에서 행할 것인가? 그리고 내가 모든 것을 할 때와 그리스도 안에서 모든 것을 할 때와 어떤 결과의 차이를 기대할 수 있는가? (빌 4:13을 묵상하라)

---

3. 진단과 말씀과의 관계성

지금까지 우주와 인간창조 그리고 자신의 삶을 바라보았던 관점이 계시된 말씀에 비추어 볼 때 어떤 사고의 변화를 가져다 주었는가? 구체적으로 어떤 부분에서 잘못 이해된 부분이나 또는 더 깊은 부분의 확신을 가지게 되었는지에 대하여 서로 나누어 보자.

---

4. 변화

신앙은 말씀을 통해 지, 정, 의의 변화를 가져와야 한다. 그리고 구체적인 관점이 하나님 중심으로 변화되어야 한다.

당신은 본 과를 통하여 창조, 인간 그리고 자기 삶의 영역에서 어떤 관점의 변화를 기대 할 수 있는가? 함께 나누어 보자.

---

① 창조적인 관점으로 전환하라.

여러분은 하나님께서 우주와 인간을 창조하신 분이라는 사실에 대하여 분명한 이해와 설명을 할 수 있게 되었다. 따라서 여러분은 성도로서 구체적인 삶의 자리에서 모든 일을 수행함에 있어서, 창조적인 사고로 관점을 전환해야 한다. 과거 나 중심, 사람 중심, 세상 중심, 피조물적인 중심 사고와 관점에서 벗어나 무(無)에서 유(有)를 창조하신 하나님 중심의 창조적인 사고와 관점으로 전환되어야 한다.

성도는 무(無)에서 유(有)를 창조하신 전능하신 하나님을 믿는다. 따라서 성도의 사고와 관점은 창조적이고 긍정의 사고로 전환되어야 한다. 나는 할 수 없으나 하나님 안에서 할 수 있다는 믿음으로 살아야 한다.

ⓐ 삼상2:6-7을 읽고 묵상하라.

본문은 한나의 기도내용이다.

한나가 자신의 한계와 고통 속에서 하나님의 능력을 입고 난 후에, 그의 사고와 하나님을 바라보는 관점이 어떻게 전환되었는가?(삼상1-2장을 통하여 사고 전환을 발견하라.) 또 한나가 하나님을 어떤 분으로 고백하였는가?

ⓑ 막9:23을 읽고 묵상하라.

____

____

본문은 예수님께서 귀신들린 자들은 치유하시면서 믿음의 능력을 말씀하신 것이다. 믿는 자는 어떤 사고를 가지고 살아야 하는가?

____

____

ⓒ 빌4:13을 읽고 묵상하라.

____

____

본문은 바울이 빌립보 교인들에게 자신의 삶의 능력의 근원을 고백한 말씀이다. 믿는 자는 어떤 믿음의 사고를 가지고 살아야 하는가?

____

____

이제 당신의 사고는 주 안에서 나도 할 수 있다는 창조적, 긍정적 믿음의 사고로 전환했는가?

다시 한 번 질문한다. "당신은 예수 안에서 모든 것을 할 수 있음을 믿는가?" 아멘.

② 창조적인 관점을 계속적으로 유지하기 위한 원동력

말씀

ⓐ 히4:12-13을 묵상하라.

"하나님의 말씀은 살아 있고 활력이 있어 죄우에 날선 어떤 검보다도 예리하여 혼과 영과 및 관절과 골수를 찔러 쪼개기까지 하며 또 마음의 생각과 뜻을 판단하나니 지으신 것이 하나도 그 앞에 나타나지 않음이 없고 우리의 결산을 받으실 이의 눈 앞에 만물이 벌거벗은 것 같이 드러나느니라"

본문에서 하나님의 말씀이 성도의 사고와 관점을 지배할 수 있는 능력이 무엇인가?

____

____

하나님 음성듣기

ⓐ 삼상3:10을 묵상하라.

"사무엘이 이르되 말씀하옵소서 주의 종이 듣겠나이다"

본문은 사무엘이 하나님의 음성을 듣기 위해 고백한 말씀이다. 그 후 사무엘은 하나님의 음성을 듣고 사고와 행동을 하였다.

성도가 하나님 중심 관점을 계속적으로 유지하기 위하여 어

떻게 하나님 음성을 듣고 순종해야 하는가? 그 이유를 설명할
수 있는가?

____

____

　　어떻게 하나님의 음성을 들을 수 있을까?
　　요일1:1-3을 찾아 읽고 묵상하라.

____

____

　　본문은 사도 요한이 하나님 음성 들음에 대한 증거이다. 사도
요한은 무엇을 도구로 하나님 음성을 듣게 되었는가?

____

____

　　ⓑ 마6:10을 찾아 읽고 묵상하라.

____

____

　　본문은 예수님이 제자들에게 가르쳐 준 주기도문의 한 구절
이다. 예수님은 "뜻이 하늘에서 이루어 진 것 같이 땅에서도 이
루어지이다"라고 말씀하셨다.
　　본문에서 성도가 하나님의 뜻을 깨닫고, 또 하나님의 음성을

듣고, 또 자신의 사고를 지배할 수 있게 한 도구가 무엇인가?
본문에서 예수님의 가르치심에서 답하라.

© 요14:10-11을 찾아 읽고 묵상하라.

본문은 예수님께서 자신을 본 자는 아버지를 보았음을 말씀
하면서, "내가 아버지 안에 있고, 아버지가 내 안에 있을 때" 아
버지의 사역을 할 수 있음을 강조하고 있다. 그렇다면 성도가
아버지 안에 있을 때, 하나님의 음성을 들을 수 있는 도구는 무
엇인가?

d 마10:30을 찾아 읽고 묵상하라.

본문은 하나님께서 한순간도 성도에게서 떠나지 않고 계신
분임을 말씀하고 있다. 그렇다면 성도가 하나님의 음성을 들을
수 있는 현장은 어디인가?

기도하기

살전5:16-18을 찾아 읽고 묵상하라.

본문에서 하나님의 관점에서 사고하고 또 하나님의 뜻을 찾는 방법은 무엇인가?

____

____

성령 의지하기

요14:26을 성경에서 찾아 읽고 묵상하라.

본문에서 하나님의 관점에서 사고하기 위해서는 무엇을 의지하고 가르침과 인도하심을 받아야 하는가?

____

____

5. 성도입니까?

나는 성도로서 긍지를 가지며, 온 천지와 인간 창조가 오직 하나님의 목적 하에 창조되었음을 확신하며 증거하는 입술이 되었다. 확신할 수 있다면 아멘으로 기록하시오.

____

____

나는 성도로서 긍지를 가지며, 이제부터 세상의 모든 것들을 인간 중심 관점에서 사고하지 않고 오직 하나님 중심의 관점으로 사고하는 전환된 삶을 살 것이다. 확신할 수 있다면 아멘으로 기록하시오.

———————————————————————

———————————————————————

나는 성도로서 긍지를 가지며, 하나님께서 나에 대한 놀라운 목적과 계획을 가진 귀한 존재로 창조하였음을 확신한다. 따라서 이제부터는 비교의식, 열등감에서 떠나 주 안에서 모든 것을 할 수 있다는 긍정의 존재로 살 것이다. 확신할 수 있다면 아멘으로 기록하시오.

———————————————————————

———————————————————————

나는 성도로서 긍지를 가지며, 내 삶의 모든 Key를 내 영혼의 목자와 감독자이신 예수님께 내려놓고 살 것이다. 확신할 수 있다면 아멘으로 기록하시오.

———————————————————————

———————————————————————

나는 성도로서 긍지를 가지며, 하나님 중심 관점의 삶을 살 수 있도록 성령님의 도우심을 요청하며 성령님과 함께 놀라운 계획과 역사를 이루어 갈 줄 확신한다. 확신할 수 있다면 아멘으로 기록하시오.

※주님의 관점으로 전환된 것을 축하한다.

찬송: 79장 1절 "주 하나님 지으신 모든 세계"를 찬양합시다.

한 목소리로 기도하기

사랑의 하나님!

온 우주와 인간을 손수 만드시고 말씀으로 창조하심을 깨닫게 해주시니 감사드립니다.

그 동안 저희들은 신앙생활을 한다고 하였지만, 교회 뜰만 밟고 다녔습니다. 하나님의 우주와 인간창조에 대해서도 분명히 알지도 못했고 확신도 가지지 못했습니다. 그러다 보니 자신의 생각이나 모든 것들을 바라보는 관점이나 사고가 늘 나 중심, 인간 중심, 세상 중심, 피조물 차원에 머물러 있었습니다.

이제 본 과정의 배움을 통하여 모든 것이 주께로 왔으며, 또 주께로 돌아감을 깨닫게 되었습니다.

따라서 이제부터는 모든 것을 하나님의 관점에서 사고하며, 하나님의 관점에서 모든 문제를 바라보고 해결의 답을 찾는 복된 성도가 될 수 있도록 성령님 도와주십시오.

예수님의 이름으로 기도드립니다. 아멘

옆 자리의 형제자매의 손을 잡고 1분간 창조적인 관점으로
살 수 있도록 함께 통성으로 기도해 주시기 바란다.

창조주 하나님께 영광의 박수!
다음에 만나요.

2. 말씀

1) 천지창조/ 창1:1

- 천지창조자: 하나님
- 천지창조의 때는 언제인가?: 태초
- 창조물: 천지
- 시8:3: 주의 손가락
- 골1:16-17: 4번
- "그"는 누구를 지칭하는가?: 삼위의 하나님

2) 인간창조/ 창2:7

- 본문의 중요한 4단어: 흙, 사람, 생기, 생령
- 인간창조자: 하나님
- 인간의 창조의 두 가지 요소: 땅의 흙과 생기
- 흙의 시작과 종착: 땅. 생기의 시작과 종착: 하나님
- 주님 재림시 인간 육신의 몸이 부활의 몸으로 홀연히 변화한다.
- 창1:24-27
- 본문에서 4번 반복하여 말씀하고 있는 것은 "종류대로"이다.
- 하나님이 모든 창조물을 종류대로 만드신 것은?: 그 종의 독특함을 말한다.
- 인간 역시 독특한 종으로 창조되었다.
- 인간창조와 생물창조 과정에서 근본적인 차이점은?: 인간은 하나님이 손수 만드신 것이고, 생물은 말씀으로 창조했다.
- 창1:24-27 다시 읽어보자.
- 형상과 모양의 차이점: 형상은 하나님의 이미지(속성)를 말하고 모양은 형상의 이미지를 반복적으로 강조한 것

- 하나님이 다른 생물과 달리 손수 자기 형상대로 만드신 이유?: 사랑

3) 그리스도 안에서
- 갈2:20
- 십자가
- 그리스도 중심의 삶

4. 변화
- 모든 것이 여호와로 비롯되었다. 하나님은 생사화복의 주관자이다.
- 막9:23: 믿음의 사고
- 빌4:13: 예수 안에서 할 수 있다는 창조적인 사고
- 히4:12: 말씀
- 삼상3:10: 사모와 순종
- 요일1:1-3: 말씀
- 마6:10: 기도
- 요14:10-11: 믿음
- 마10:30: 삶의 현장
- 살전5:16-18: 기도
- 요14:26: 보혜사 성령

제 2 권

목적을 지닌 존재(being)임을 아십니까?

1968년 11월 그 어느 맑은 알라스카의 오후였다.

나는 23살, 아기를 가진지 5개월! 공군병원에 근무할 시간이 되어 출근을 하던 길이었다. 바로 그날 2시 30분 나에게는 비통한 운명이 오고야 말았다. 학교 통학버스를 추월한 대형 트럭이 나의 차 앞에서 산더미처럼 달려드는 것이 아닌가! 그 순간이었다. "이런 일이 어찌 나에게 일어날 수 있단 말인가?"라고 생각했다. 그 트럭이 나를 덮쳐눌렀다. 나중에 안 일이지만 나는 내 차 옆 유리를 뚫고 밖으로 내동댕이쳐졌다는 것이다. 죽음이란 이런 것이라고 생각했다. 그러나 나는 죽지는 않았다는 사실을 깨달았다. 소리가 들려왔기 때문이다. "저 시체가 움직여! 저 것은 아직 죽지 않았다." 이 소리를 듣는 순간 나는 "저것"이라는 시체가 되어 있었다. 앰블런스가 도착했다.

그리고 내가 근무하는 공군병원으로 옮겨졌다. 뼈는 여러 곳이 부서지고 얼굴은 비참하게 찢어져 있었던 모양이다. 나를 본 의사들은 너무 놀랐는지 얼마동안은 수술은 커녕 당황한 채 서 있기만 했다. 드디어 군의관 소령 한 사람이 나타났다. 정형외과 전문 의사였다.

조사가 시작되었다. 견딜 수 없는 진통이 계속되었다. 치아가 부러지고 잇몸에 온통 상처를 입었다. 의사가 말했다. "견디어보시오! 당신만 결심하면 당신은 살 수가 있습니다."

그러나 의사가 나간 사이 나는 나의 얼굴을 거울로 보는 순간 "하나님! 이 꼴이 되기보다는 차라리 나를 데려가 주셔야죠"라고 원망의 눈물을 쏟았다. 그러나 비극은 이것으로 끝나지 않았다. 소식을 들은 남편이 달려왔다. 그러나 남편이 나의 얼굴을 보는 동안 표현한 슬픔과 고통 속에서 나는 남편마저 잃었다는 생각이 들었다. 말없이 떠나간 남편! 그 후 1년이 넘자 이혼을 제기하여 왔다. 5개월 된 뱃속의 애기와 남편을 순식간에 잃었던 것이다.

나는 산다는 것의 의미가 무엇인가를 묻기 시작했다. 배신을 당했다고 생각하기 전에 나는 나의 처참한 운명을 저주하고 있었다. 그래서 질문했다. "하나님! 왜 하필이면 나입니까?" 이 비통한 과정을 지켜본 이는 바로 군의관 소령이었다. 그가 말했다 "당신은 지금 지옥을 헤매고 있는 것은 사실입니다. 그러나 하나님은 당신을 구원했습니다. 남은 것은 이 주어진 생명을 우리가 가꾸는 일입니다. 2년에서 3년의 기간만 주십시오." 그 후 7년 동안 나는 35번의 성형수술을 받아야만 했다. 나는 지금 거의 완쾌되었다. 그 의사는 7년이나 나의 회복에 전념한 셈이다. 어느 날 그 의사는 나에게 결혼을 신청해 왔다. 또 다른 충격이었다.

지금 나는 매일 하나님께 감사의 기도를 드린다. "하필이면 왜 나입니까?"라는 원망스러웠던 물음 앞에 하나님은 나에게 새로운 해답을 주셨기에 말이다.

인간은 시시때때로 끊임없이 절망하고 좌절하지만, 하나님은 인간의 생각과 환경을 초월하여 분명한 계획과 목적을 가지고 계심을 다시 생각해 본다.

—「무엇이 삶을 아름답게 하는가」에서

성도는 목적을 지닌 존재(being)임을 아십니까?

당신은 왜 존재(Being)하는가?

만약 당신이 이 같은 질문을 받았을 때 선뜻 답변할 준비가 되어 있는가?

사람은 자신이 존재하는 이유에 대한 해답의 상징체계에 따라서 그 사람의 세계관과 삶의 목적과 방향이 달라진다.

본 과에서는 당신을 향한 하나님의 놀라운 목적과 계획을 발견하게 할 것이다.

1. 진단

본 진단은 나 자신의 존재, 삶의 목적에 대한 물음에서 시작한다.

1) 나는 왜 태어났는가?

인생을 살아오면서, 또는 교회의 성도로서 '나는 왜 태어났는가?' 라는 질문을 해 본 적이 있는가?

____

____

만약 '나는 왜 태어났는가?' 라는 질문을 해 본 적이 있었다면 언제, 어디서, 왜, 어떠한 상황에서 하게 되었는가?

____

____

만약 여러분 중에 이 물음에 대해 한때 생각에 잠겨 본 경험이 있다면 그 경험을 함께 나누어 보자.

가령, 자신의 출생이 부모간의 사랑의 결과물인가? 아니면 우연인가? 아니면 하나님의 목적 속에 출생되었는가? 등을 생각해 보라.

____

____

2) 만약 자신의 출생, 만남, 결혼, 삶, 공부, 직업, 사고, 믿음, 교회, 죽음의 문제에 이르기까지 이 모든 것이 다 우연의 산물이요 자신의 운명이요 팔자소관으로 생각해 본 적은 없는가?

____

만약 위의 질문인 우연, 운명, 팔자소관의 존재라는 사실에 동의 할 수 없다면, 나의 인생의 모든 것이 성경의 말씀대로 하나님의 섭리와 예정과 목적 하에 이루어 진 것으로 생각해 본 적이 있는가?

____

____

만약 위의 두 종류의 물음, 즉 우연 또는 하나님의 목적에 대하여 심각한 고민을 해 본 성도가 있다면, 그 때가 언제였는가? 예수 믿기 전 인가? 믿음을 가진 후인가? 그리고 어떤 경우에 그러한 생각을 하게 되었는가? 함께 나누어 보자.

____

____

3) 만약 당신이 예수를 믿은 후 자신에게 향하신 하나님의 놀라운 뜻이 계심을 삶의 여정을 통하여 경험한 바가 있는가? 있다면 서로 간증해 보자(예: 건강, 병, 직장, 이주, 예수 믿음, 직분, 봉사, 교회, 학업, 인도, 결혼, 자녀, 사업 등).

____

____

※우연과 예정

우연(偶然): 뜻하지 않는 일. 우연론(偶然論), accidentalism: 세계의 모든 생성과정의 인과관계를 인정치 않고 우연히, 저절로 일어났다고 보는 견해.

예정(豫定): 기독교 신학적인 교리로서, 칼빈주의와 연관된 것이다. 예정이라 함은 영원 전부터 하나님께서 미래에 일어날 모든 일들을 미리 정해 놓으셨다는 것인데, 그 중에는 궁극적인 인간구원과 유기(遺棄, 내어버림)도 포함되어 있다.

목적(目的): 의지를 따라 행위를 규정하는 것.

인연(因緣): 결과를 얻은 직접적인 원인과 그 연으로 말미암아 얻은 간접적인 힘. 일체의 중생은 인과연의 관계로 봄(佛).

2. 말씀

진단과 관련된 질문의 해답으로 성경은 어떻게 말씀하고 있는가?

1) 예정

성경은 당신의 예정에 대하여 어떻게 말씀하고 있는가?

① 엡1:4를 읽고 묵상해보자.

"곧 창세 전에 그리스도 안에서 우리를 택하사 우리로 사랑 안에서 그 앞에 거룩하고 흠이 없게 하시려고"

본문에서 하나님은 당신을 언제 택하시고 예정하셨다고 말씀하시는가?

---

2) 출생

성경은 당신의 출생에 대하여 어떻게 말씀하고 있는가? 당신의 출생이 우연이나 사랑의 부산물인가? 아니면 하나님의 예정과 목적 속에 출생했는가?

시편139:13-17을 읽고 묵상하라.

"주께서 내 내장을 지으시며 나의 모태에서 나를 만드셨나이다 내가 주께 감사하옴은 나를 지으심이 심히 기묘하심이라 주께서 하시는 일이 기이함을 내 영혼이 잘 아나이다 내가 은밀한 데서 지음을 받고 땅의 깊은 곳에서 기이하게 지음을 받은 때에 나의 형체가 주의 앞에 숨겨지지 못하였나이다 내 형질이 이루어지기 전에 주의 눈이 보셨으며 나를 위하여 정한 날이 하루도 되기 전에 주의 책에 다 기록이 되었나이다 하나님이여 주의 생각이 내게 어찌 그리 보배로우신지요 그 수가 어찌 그리 많은지요"

본문에서 하나님은 당신이 출생하기 전부터 이미 모태에서 몸의 구조와 형체와 내장과 형질까지도 계획하고 조직하였다는 사실을 발견했다. 이 말씀을 믿는다면 당신의 지금 존재가 우연 또는 부모 간 사랑의 결과물 또는 난자와 정자로 만들어진 생물학적인 인간 존재로만 생각하는가? 아니면 하나님의 놀라운 계획과 목적 속에 의미를 지닌 존재로 남녀의 몸을 빌어 출생케 되었음을 믿는가?

〈주석〉

본문의 말씀을 이해할 수 있는가?

내장(五臟六腑): 몸의 5장 6부를 말함. 5장: 폐, 심장, 비장, 간장, 신장. 6부: 뱃속에 있는 6기관으로 대장, 소장, 방광, 위, 담, 삼초를 말한다.

모태(母胎): 어미의 태 안.

형체(形體): 물건의 생김새와 바탕이 되는 몸.

형질(形質): 생긴 모양과 그 성질.

심히 기묘하심: 인간의 구조는 알기 어려운 만큼 되어있다.

3) 연대

하나님은 시공의 주재자이다. 때문에 인간의 생사회복은 물론 그 연대와 경계까지 주관하신다.

① 행17:26을 읽고 묵상하라.

"인류의 모든 족속을 한 혈통으로 만드사 온 땅에 살게 하시고 그들의 연대를 정하시며 거주의 경계를 한정하셨으니"

　본문에서 하나님은 온 인류와 나라와 민족뿐만 아니라 당신이 태어날 때와 장소와 삶의 거주지까지 예정하셨다는 놀라운 사실을 깨닫게 되었다. 본문에서 이 사실과 관련된 낱말을 찾아 적어보자.

____

____

주석

　한 혈통: 하나님은 족속의 창시자이다. 한 족속 아담을 일으키고 그에게서 모든 족속이 전 지면에 흩어져 살게 했다.

　연대와 경계: 시공을 말하는 것으로 하나님은 나라, 민족, 개인의 생사와 거주를 주관하신다.

　*위의 본문 말씀을 다시 한 번 깊이 생각해 보자.

　하나님은 당신이 태어나기 이전부터 당신을 보셨고, 당신이 숨쉬기 이전부터 당신의 삶을 매일매일 계획해 놓았다고 말씀하고 계신다. 그리고 당신의 모든 날들이 하나님의 책에 기록되어 있다고 말씀하고 계신다.

　하나님이 당신의 모든 것을 다 계획해 놓았다는 말씀을 생각해 볼 때, 당신은 정말 하나님의 놀라운 계획과 목적을 지닌 존재로 태어났음을 확신할 수 있는가?

____

____

이 시간 여기에 모인 모든 참석자들이 아멘으로 고백해야 한다. 만약 이 고백이 되지 못하면 그 이유를 말하고 토론과 기도가 필요할 것이다.

---

4) 존재

하나님은 당신을 매우 가치 있는 존재로 만드셨다.

① 시8:4-5을 읽고 묵상하라.

"사람이 무엇이기에 주께서 그를 생각하시며 인자가 무엇이기에 주께서 그를 돌보시나이까 그를 하나님보다 조금 못하게 하시고 영화와 존귀로 관을 씌우셨나이다"

본문에서 하나님이 당신을 어떤 가치 있는 존재로 만드셨다고 했는가? 본문에서 그 해답을 찾아보자.

---

② 사43:1-4을 읽고 묵상하라.

"내가 너를 구속하였고, 내가 너를 지명하여 불렀나니 너는 내 것이라 … 네가 내 눈에 보배롭고 존귀하며 내가 너를 사랑하였은즉…"

본문에서 당신은 누구의 소유라고 하셨는가?

본문에서 하나님은 당신을 어떤 존재로 만드셨는가? 그 말씀의 계시를 찾아 기록하라.

____

____

만약 당신이 하나님의 소유임을 믿는다면 당신의 삶은 누구를 위한 삶인가? 그리고 당신의 삶의 모든 문제를 누구에게 맡기며 또 누구의 인도하심에 따라 살아야 하는가?

____

____

③ 마16:26을 읽고 묵상하라.

"사람이 만일 온 천하를 얻고도 제 목숨을 잃으면 무엇이 유익하리요 사람이 무엇을 주고 제 목숨과 바꾸겠느냐?"

본문에서 예수님은 당신의 존재 가치를 어떻게 말씀하셨는가?

____

____

누가 당신의 존재 가치를 인정했는가?

____

____

이상의 말씀 묵상을 통해 볼 때 당신은 참으로 귀하고 가치 있는 존재임에 틀림없다. 하나님의 말씀을 통해 당신의 정체성을 깨닫게 되었다면 이제부터 당신은 삶과 사람과 환경과의 관계에서 오는 열등감, 비교 문화 속에서 어떻게 살아가야 하는가?

____

____

5) 목적

하나님께서 당신을 놀라운 계획과 목적을 가진 존재로 출생하게 하였다는 사실을 아멘으로 고백했다면, 당신을 향하신 하나님의 구체적인 목적이 무엇인지를 발견하는 것이 중요하다.

① 시8:4-6을 읽고 묵상하라.

"사람이 무엇이기에 주께서 그를 생각하시며 인자가 무엇이기에 주께서 그를 돌보시나이까 그를 하나님보다 조금 못하게 하시고 영화와 존귀로 관을 씌우셨나이다 주의 손으로 만드신 것을 다스리게 하시고 만물을 그의 발 아래 두셨으니…"

본문에서 하나님께서 당신을 만드신 목적을 분명히 계시하고 있다. 그 목적이 무엇인지 본문에서 찾아보라.

____

____

② 엡2:10을 읽고 묵상하라.

"우리는 그가 만드신 바라 그리스도 예수 안에서 선한 일을 위하여 지으심을 받은 자니 이 일은 하나님이 전에 예비하사 우리로 그 가운데서 행하게 하려 하심이니라"

본문에서 하나님이 당신을 만드신 목적이 무엇인가?

____

____

〈주석〉

선한 일: 처음 인간창조를 하신 하나님은 선하다(창1:31)고 하셨고, 새로 지으신 사람에 대해서는 선한 일을 요구하셨다. 선한 일은 믿음과 구원의 참여다.

③ 엡1:11을 읽고 묵상하라.

"모든 일을 그의 뜻의 결정대로 일하시는 이의 계획을 따라 우리가 예정을 입어 그 안에서 기업이 되었으니"

본문에서 당신을 향하신 하나님의 목적을 이루어 드리기 위하여 당신은 어디에 머물러 있어야 하고, 또 누구의 뜻(말씀)을 따라야 할까?

____

____

6) 하나님의 계획과 목적을 지닌 성도의 영적 의식

이제 당신은 하나님의 놀라운 목적 가운데 태어났음을 알게 되었다. 당신은 하나님의 목적에 이끌리는 삶을 살기 위하여 아래와 같은 영적의식을 가져야 한다.

① 창조의식을 가져라.

사43:1을 읽고 묵상하라.

"야곱아 너를 창조하신 여호와께서 지금 말씀하시느니라 이스라엘아 너를 지으신 이가 말씀하시느니라"

당신을 지으신 분이 어떤 분이신가?

____

____

만약 당신이 하나님을 무에서 유를 창조하신 전능하신 하나님으로 믿는다면 당신이 어떤 마음으로 신앙생활을 하는 것이 목적있는 신앙생활인가?

____

____

② 자녀의식을 가져라.

ⓐ 요1:12을 읽고 묵상하라.

"영접하는 자 곧 그 이름을 믿는 자들에게는 하나님의 자녀가 되는 권세를 주셨으니"

당신이 무엇을 하여야 하나님의 자녀가 될 수 있는가?

____

____

당신이 하나님의 자녀라면 어떤 권세를 가지고 목적 있는 삶을 살아 갈 수 있을까?

롬8:17을 함께 읽고 그 답을 말해보자 .

ⓑ 롬8:15을 읽고 묵상하라.

"너희는 다시 무서워하는 종의 영을 받지 아니하고 양자의 영을 받았으므로 우리가 아빠 아버지라고 부르짖느니라"

당신이 하나님 자녀의 영을 받았다면 분명 하나님의 자녀가 된 것이 분명하다. 당신이 하나님의 자녀로서의 목적 있는 삶을 살아감에 있어 어떤 특권을 부여 받을 수 있는가? 갈4:6을 함께 읽고 답하라.

---

③ 동행의식을 가져라.

ⓐ 사41:10을 읽어라.

"두려워하지 말라 내가 너와 함께 함이라 놀라지 말라 나는 네 하나님이 됨이라 내가 너를 굳세게 하리라 참으로 너를 도와 주리라 참으로 나의 의로운 오른손으로 너를 붙들리라"

본문에서 하나님은 성도가 목적 있는 삶을 살 수 있도록 어떤 약속을 하고 있는가?

ⓑ 욥기23:10-14을 읽고 묵상하라.

"그러나 내가 가는 길을 그가 아시나니 그가 나를 단련하신 후에는 내가 순금 같이 되어 나오리라 내 발이 그의 걸음을 바로 따랐으며 내가 그의 길을 지켜 치우치지 아니하였고 내가 그의 입술의 명령을 어기지 아니하고 정한 음식보다 그의 입의 말씀을 귀히 여겼도다 그는 뜻이 일정하시니 누가 능히 돌이키랴 그의 마음에 하고자 하시는 것이면 그것을 행하시나니 그런즉 내게 작성하신 것을 이루실 것이라 이런 일이 그에게 많이 있느니라"

본문에서 하나님은 성도의 목적 있는 삶을 위해서 구체적으로 어떤 인도함을 약속하고 있는가?

____

____

④ 합력하여 선을 이루심을 믿으라.

롬8:28을 읽고 묵상하라.

"우리가 알거니와 하나님을 사랑하는 자 곧 그의 뜻대로 부르심을 입은 자들에게는 모든 것이 합력하여 선을 이루느니라"

본문에서 하나님은 목적을 이끄는 삶을 살아가는 자녀들에게 궁극적인 승리의 삶으로 인도하심을 약속하고 있다. 만약 당신의 삶 가운데 예기치 못한 인간적인 고통을 맞이한다면, 어떤 신앙의식을 가져야 할까?

____

⑤ 목적에 따라 산 사람들

하나님의 목적에 따라 살아간 사람들은 한결같이 영광과 고난이 교차되었다(롬8:17).

ⓐ 요셉

창50:20을 읽고 함께 나누어 보자.

"당신들은 나를 해하려 하였으나 하나님은 그것을 선으로 바꾸사 오늘과 같이 많은 백성의 생명을 구원하게 하시려 하셨나니"

본문에서 요셉의 생애가 우연의 삶인가? 하나님의 예정된 삶인가?

____

____

ⓑ 바울

행9:15-16을 읽고 함께 나누어 보자.

"이 사람은 내 이름을 이방인과 임금들과 이스라엘 자손들에게 전하기 위하여 택한 나의 그릇이라. 그가 내 이름을 위하여 얼마나 고난을 받아야 할 것을 내가 그에게 보이리라.

본문에서 바울의 생애가 우연의 삶인가? 하나님의 예정된 삶인가?

____

____

ⓒ 당신은?

지금까지 당신의 신앙과 삶의 여정은 우연인가? 아니면 하나님의 예정과 목적의 삶인가? 이에 대하여 서로 나누어 보자.

____

____

____

____

3. 진단과 말씀의 관계성

지금까지 나 자신의 존재에 대하여 심각한 생각을 해 보지 않았고, 또 나의 삶 자체가 하나님의 예정과 목적을 이끄는 삶이라기보다는 아무런 의식 없이 하루하루 교회생활과 삶을 살아왔다. 본 과에서 말씀의 거울을 통해 나 자신의 존재를 비추어 볼 때, 어떤 부분에서 깨닫지 못했는가? 또 어떤 부분을 더욱 발전시켜야 할지에 대하여 함께 나누어 보자.

____

____

4. 변화

신앙은 말씀을 통해 지, 정, 의의 변화를 가져와야 한다.

본 과를 통하여 당신이 하나님의 계획과 목적을 지닌 존재로 창조되었음을 깨닫게 되었다면, 단순한 사고나 입술의 고백 차원을 넘어, 나의 삶 속에 변화를 기대할 수 있어야 한다. 당신 자신의 사고의식과 사람의 관계 그리고 삶의 자리인 가정, 교회, 세상에서 어떤 변화를 다짐할 수 있는가?

---

1) 발상을 대 전환하라.

당신은 하나님께서 창세 전부터 목적을 지닌 존재로 조성하여 세상에 출생케 하였다. 따라서 당신은 그 하나님의 계획과 목적을 이루어 가는 사명의 존재임을 깨달아야 할 것이다. 그러기 위해서는 하나님 중심의 존재와 사고의 변화가 요구된다.

하나님의 목적을 이루는 존재임을 확신하라.

성도는 나의 성공이 아닌 하나님의 목적을 이루어 드리는 발상의 대 전환이 필요하다.

요15:16을 읽고 묵상하라.

"너희가 나를 택한 것이 아니요 내가 너희를 택하여 세웠나니 이는 너희로 가서 열매를 맺게 하고 또 너희 열매가 항상 있게 하여 내 이름으로 아버지께 무엇을 구하든지 다 받게 하려 함이라"

본문에서 하나님은 당신을 통해 선하신 목적을 이루시기 위하여 택하심과 세우심과 열매를 맺게 하심을 볼 수 있다. 이 모든 일련의 과정을 보면서 당신의 성공의 열매가 당신의 힘으로 얻었다고 생각하는가? 아니면 하나님께서 나를 향하신 선하신 목적을 이루기 위해 허락해 주신 은혜라고 생각하는가?

____

____

　만약 당신의 성공이 하나님의 목적을 이루는 것으로 발상이 대 전환되었다면, 하나님은 당신에게 더 많은 열매를 맺게 하시고 당신을 목적의 도구로 계속 사용하시길 원하실 것이다. 중요한 결단은 하나님께서 당신에게 주신 목적의 열매를 하나님의 선하신 목적을 위해 그 열매를 사용해야 한다는 것이다. 당신은 그렇게 결단할 수 있는가?

____

____

2) 긍정적 사고로 전환하라.

　당신이 하나님의 목적을 이끄는 존재임을 깨닫게 되었다면, 먼저 하나님 중심의 긍정적사고로 전환해야 한다.

　① 요14:12을 읽고 묵상하라.

　"나를 믿는 자는 내가 하는 일을 그도 할 것이요"

　본문에서 하나님의 목적을 이끄는 성도는 어떤 사고를 가져야 하는가?

____

____

② 빌4:13을 읽고 묵상하라.

"내게 능력 주시는 자 안에서 내가 모든 것을 할 수 있느니라"

본문에서 바울은 어떤 사고를 가지고 있는가?

____

____

③ 시138:8을 읽고 묵상하라.

"여호와께서 나를 위하여 보상해 주시리이다"

본문에서 하나님은 목적을 이끄는 성도의 삶 전부를 인도하는 가? 아니면 필요에 따라 인도하시는가?

____

____

이제 당신은 자신을 바라보는 생각이 달라졌는가? 자신의 입술과 삶의 태도가 달라졌는가?

____

____

그렇다면 가정, 교회, 세상에서 어떠한 태도로 살아가겠는가? 나름대로 적어보자.

(예수 안에서 말, 행동, 직업, 학업, 기타 일 등을 하나님의 영광과 관계하여 적어 보라)

가정____

교회____

세상____

6. 성도입니까?

　본 과를 통하여 나는 하나님의 계획과 목적으로 창조된 존귀한 존재임을 깨닫게 되었다. 그리고 예수 그리스도를 영접함으로 하나님의 자녀가 된 동시에 성도의 직분을 얻게 되었다. 나는 성도로서 부끄럽지 않는 삶을 위하여 다음과 같이 결단해야 한다.

　1) 나는 성도로 구별된 자로서, 삶의 아무런 계획이나 목적 없이 세상의 흐름으로 부평초처럼 우연히 살다가 우연히 한 줌의 흙으로 돌아가는 무가치한 존재가 아니므로, 예수 안에서 나를 향하신 그 오묘한 목적을 찾아가는 삶을 살기로 다짐할 수 있는가?____

　2) 성도의 삶의 자세는 인생의 성공이 아니라, 하나님의 목적을 이루어가는 삶임을 고백 할 수 있는가?

____

　만약 나의 성공의 관점에서 실패할 경우 어떤 결과를 초래할 가능성이 있을까?

찬송: 나의 갈길 다가도록(384장 1절)

기도

사랑의 하나님!

본 과정의 배움을 통하여 나 자신이 하나님의 놀라운 계획과 목적을 지닌 존귀한 존재로 태어나게 해 주심을 깨닫게 되어 감사를 드립니다.

그 동안 나는 자신에 대하여 부정하며, 천시하며 나는 할 수 없다는 부정의 입술로 살아왔으며, 그러다보니 때로는 절망하여 삶에 대한 의욕을 상실한 채, 때로는 생의 모든 것을 포기하고 싶은 마음을 가진 때도 있었습니다.

주님! 나의 무지함을 용서해 주십시오. 이제 나를 향하신 하나님의 크신 뜻을 알았사오니, 나의 삶 가운데 어떤 폭풍우가 휘몰아쳐 오더라도 결코 삶을 포기하는 일이 없을 것이며, 하나님의 계획과 목적을 이루는 존재로서 당당하게 세상에서 승리하며 살도록 성령님 도와 주십시오.

예수님의 이름으로 기도합니다. 아멘

옆 사람의 손을 잡고 하나님의 목적을 이루는 성도가 될 수 있도록 통성으로 기도하기

해설 및 해답지

2. 말씀

1) 예정, 엡1:4: 창세 전

2) 출생, 시139:13-17: 하나님의 목적을 지닌 존재

3) 연대, 행17:26: 연대와 거주와 경계

4) 존재, 시8:4-5: 하나님보다 조금 못하게 창조(원문에는 엘로힘), 존귀와 영화로 관 씌우셨다.

• 사43:1-4: 하나님의 소유다, 보배롭고 존귀하게 만드심

• 마16:26: 천하보다 귀하다.

5) 목적: 시8:3-6: 주의 손으로 만드신 것을 다스리게 하시고

• 엡2:10: 선한 일

• 엡1:11: 그리스도 안에서, 그리스도의 말씀

6) 영적의식

• 사43:1: 여호와 하나님

• 요1:12: 예수 영접하고 믿는 자

• 롬8:17: 그리스도와 함께 한 상속자

• 갈4:6: 하나님을 아빠 아버지로 부를 수 있는 특권

• 사41:10: 함께 하심

• 욥23:10-14: 길

• 롬8:28: 합력하여 선을 이루심

• 창50:20: 예정

• 행9:15: 예정

4. 변화

• 요15:16: 은혜

• 요14:12: 믿음 안에 할 수 있다.

- 빌4:13: 그리스도 안에서 모든 것을 할 수 있다.
- 시138:8: 완전하게 하시는 하나님
- 가정: 긍정의 입술과 태도를 지닌 꿈을 지닌 가정의 일원이 되라.
- 교회: 긍정의 입술과 태도로 하나님 나라 사역에 적극 참여하라.
- 세상: 선한 말과 긍정의 삶을 통해 세상에 빛이 되는 생활을 하라.

제 3 권 구원 받은 성도입니까?

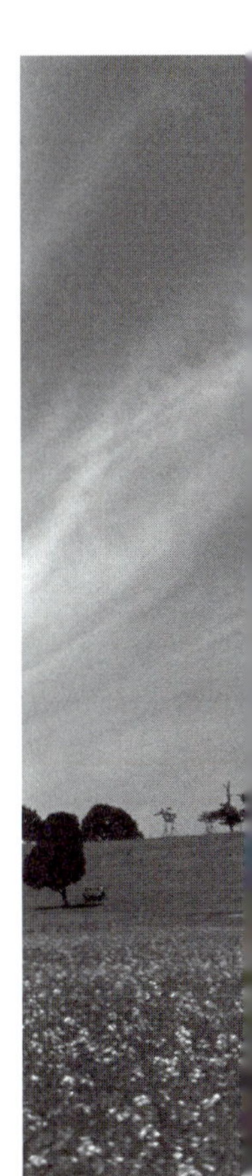

한 세기에 가장 커다란 발자취를 남겼던 실존주의 철학자 사르트르는 1980년 3월 프랑스 파리의 부르세 병원에서 폐수종으로 입원하였습니다. 그는 한 달 동안 이 병원에서 치료를 받았으나 병세는 조금도 호전되지 않고 악화되어 갔습니다. 그는 고통으로 인하여 자기를 찾아온 사람들에게 고함을 치며 절규했습니다. 그러면서도 그는 죽음에 대한 불안과 공포 때문에 자기의 병명이 무엇인지 곁에 있는 아내에게조차 묻지 못했습니다. 그는 수많은 문학작품을 통하여 많은 사람들에게 감동을 주었지만 그의 마지막은 실로 비참했습니다. 그는 1980년 4월 16일 입원한지 한 달 만에 몹시 괴로워하다가 병원에서 세상을 떠났습니다.

그가 세상을 떠나고 난 후 프랑스 신문들은 사르트르의 죽음에 대하여 말하기 시작했습니다. 죽음으로부터 자유를 외쳤던 그의 말로가 그렇게 비참했던 이유에 대하여 어떤 독자가 이렇게 투고 했습니다. "사르트르의 말로가 그렇게 비참했던 이유는 그에게 돌아갈 고향이 없었기 때문입니다."

구원의 고귀함을 다시 한 번 생각해 봅니다.

구원받은 성도입니까?

성도라는 칭호를 받을 수 있는 첫 번째 필수 불가결한 조건은 바로 구원의 확신이다. 오늘 주님 오시면 "아멘 주 예수여 오시옵소서"라고 고백할 수 있는 성도의 삶이 되어야 한다. 그렇다면 오늘날 교회 출석하고 있는 교인 중에서 구원의 확신이 있는 사람이 얼마나될까?

아웃리치가 2008년도 미국 100대 교회(7,000-40,000명)를 대상으로 교회 출석하는 교인들의 신앙 상태를 조사한 결과, 상당수가 깊은 믿음을 추구하는 사람들이라기보다 구경꾼들에 불과하다는 징후를 발견했다.

이 아웃리치 조사를 담당한 내시빌의 '라이프 웨이 리서치'의 에드스테처 소장은 "당신은 거대한 교회를 세울 수는 있다. 그러나 교인들을 변화시키지는 못한다. 변화 없이는 기독교의 복음이 앞으로 나아가고 있다고 말할 수 없다."고 했다.

1. 진단

본 진단은 '당신이 정말 신앙인인가?', '예수를 믿는 성도인가?', '당신은 정말 구원을 받은 성도인가?'를 스스로 점검 할 수 있는 매우 중요한 기회이다.

1) 지금까지 나는 신앙인인가? 종교인인가? 구경꾼인가?

____

____

📖 심화학습

신앙인: 내적으로 창조주 하나님을 나의 구원자로 믿고, 고백하며, 자발적인 감격과 감사로 하나님을 섬기는 태도를 가진다. 그리고 외적으로는 그 가르침에 따르는 순종과 헌신, 그리고 모든 신앙적인 행위(예배를 포함한 하나님 나라의 일) 등에 기쁨으로 솔선 참여한다.

종교 의식인: 내적으로 창조주 하나님에 대한 믿음과 구원의 확신적인 고백이 없다(거듭남의 경험 없이) 그리고 외적으로는 말씀의 가르침(성경공부나 구역공부 등)과 종교의식(예배나 교회 각종 행사)에 의무적, 율법적으로 참여한다.

구경꾼: 나비교인으로 자신의 욕구(기복, 장사, 이용)에 필요한 꿀을 찾아다닌다.

2) 당신은 성도의 칭호를 받고 교회에 다니고 있지만, 아직 예수를 만나지 못했고, 구원의 확신이 없는가? 진솔한 답변이 요구된다.

____

____

____

3) 당신이 만일 예수를 만나지 못하고, 구원의 확신도 없이 교회에 다닌다면, 왜 교회에 다니고 있는가?

____

____

그렇다면 당신이 구원의 확신을 가지지 못하는 가장 큰 이유가 무엇이라고 생각하는가?

____

____

4) 당신은 구원의 확신이 없지만 교회 생활을 하고 있다. 교회 생활 가운데 마음속에 어떤 갈등과 불평 그리고 비판하고 싶은 것들이 있는가?

____

____

5) 이 시간 당신은 구원의 확신을 열망하는가? 예수님 만남을 사모하는가?

____

____

6) 만약 당신이 구원의 확신을 열망한다면 본 과를 통해 하나님께서 구원의 복된 자리로 인도해 주심을 믿으라.

____

____

7) 만약 당신이 신앙인이라고 진단이 되었다면 언제 예수를 만났으며, 언제부터 신앙의 삶에 변화를 경험했는가?

____

____

8) 당신이 예수를 믿고 구원받았다는 확신을 어떻게 설명할 수 있는가? 지, 정, 의와 연관지어 설명해 보라.

____

____

9) 당신이 구원받은 확신을 다른 사람들에게 담대히 증거한 적이 있는가?

____

10) 당신은 오늘(Today) 주님이 재림하신다면 천국에 들어갈 수 있는 구원의 확신, 승리의 믿음이 있는가?

2. 말씀

하나님의 말씀인 성경은 지금까지 당신이 구원에 관한 진단과 질문들에 대하여 어떻게 말씀하고 있는가?

1) 구원이 무엇인가?

이 질문에 대하여 자신이 지금까지 알고 있는 구원에 대하여 서로 나누어 보자.

① 롬8:2을 읽고 묵상하라.

"이는 그리스도 예수 안에 있는 생명의 성령의 법이 죄와 사망의 법에서 너를 해방하였음이라"

본문에서 구원은 무엇으로부터 해방됨을 말하고 있는가?

② 엡2:1을 읽고 묵상하라.

"그는 허물과 죄로 죽었던 너희를 살리셨도다"

본문에서 구원에 이르지 못하게 하는 것들이 무엇인가?

____

____

위의 두 본문에서 구원이란 의미에 해당하는 단어를 찾아 적어보라.

____

____

📖 심화학습

※구원

구원은 예수를 믿음으로 죽음과 그 죽음의 증상인 악과 고난으로부터(죄, 사망, 허물) 승리하여 자유케 됨을 말한다(생명, 건짐, 살림, 해방). 이 구원은 오직 하나님의 은혜로 예수 그리스도를 믿음으로 주어지는 선물이다.

구원에 대한 광의와 포괄적인 의미를 살펴보자.

어원: '소조'(헬), '야솨'(히)의 뜻은 대개 구원, 자유, 건지다(죄악의 바다에 빠져 죽음으로 허우적거리는 자를 연상해 보라)는 의미를 지닌다.

성서적 구원: 믿음(나의 죄를 대속하기 위해 예수님의 십자가 죽음, 결과는 화목. 기초), 승리(이미 얻은 구원의 자리에서, 현재의 악의 지배 속에 성령의 도움으로 승리하는 삶. 건축 과정), 최후의 완성(재림과 백보좌 심판을 통한 악, 죄의 세력 박멸, 믿음의 승리자의 천국입성. 천국 집의 완성).

완성의 개념이 기독교와 불교의 다른 이해를 설명할 수 있는가? 불교의 완성은 기독교 구원의 개념과 근본적으로 다르다. 불교의 완성이 자력의 개념이라면, 기독교의 구원은 하나님의 은혜로 주어지는 믿음의 행위이다.

2) 당신의 구원을 방해하는 것이 무엇인가?

구원의 자리에 이르고 싶으나, 그 구원에 이르지 못하도록 방해하는 것들이 있다.

그 요소들이 무엇일까?

창3:1-24을 읽고 묵상하라.

본문은 하나님께서 에덴동산 중앙에 선악과나무를 세우고 아담과 하와에게 "그 나무의 열매를 먹지도 말고 만지지도 말라 너희가 죽을까 하노라"고 분부하였으나, 아담과 하와는 그 분부의 말씀을 어기고 선악과를 따먹었다. 그 결과 영원한 삶(구원)

에서 떠나서 죄와 죽음과 저주와 고통과 두려움, 고독, 불안과 추방을 가져오게 되었다.

① 말씀의 불순종
구원을 방해하는 첫 번째 요소는 말씀의 불순종이다. 본문에서 최초의 인간인 아담이 하나님께 불순종한 것이 무엇인가?

____

____

아담의 불순종한 결과는 무엇인가? 구원을 받았는가? 아니면 사망을 받았는가?

____

____

*사울
삼상15:22-23을 읽고 묵상하라.
"사무엘이 이르되 여호와께서 번제와 다른 제사를 그의 목소리를 청종하는 것을 좋아하심 같이 좋아하시겠나이까 순종이 제사 보다 낫고 듣는 것이 숫양의 기름보다 나으니 이는 거역하는 것은 점치는 죄와 같고 완고한 것은 사신 우상에게 절하는 죄와 같음이라 왕이 여호와의 말씀을 버렸으므로 여호와께서도 왕을 버려 왕이 되지 못하게 하셨나이다 하니"
본문은 하나님께서 사울 왕에게 아말렉을 멸하고, 아말렉의 모든 것을 진멸하도록 명령을 하였으나, 사울 왕이 여호와의 말씀을 불순종하여 여호와께 드릴 제사를 위한다는 명분으로 양과 소를 취한 내용이다.

본문에서 하나님의 말씀에 불순종한 사울이 여호와 하나님으로부터 어떤 심판을 받게 되었는가?

____

____

왜 하나님의 말씀에 불순종 하는 것이 구원을 얻는 데 방해 요소가 되는지 설명할 수 있는가? 구원의 길이 어디에 기록되어 있는가?

____

____

당신이 구원받은 성도라면 하나님의 의지(뜻, 말씀)에 순종하는 삶을 살고 있는가?

____

____

만약 당신의 삶 가운데 모든 것을 하나님의 말씀에 순종할 수 없다면 그 이유(믿음, 말씀의 부복, 자신의 강한 의지)가 무엇이라고 생각하는가?

____

② 자기의지의 발로

구원을 방해하는 두 번째 요소는 하나님의 말씀보다 인간의 자기의지의 발로 때문이다. 인간의 의지는 항상 하나님께 순종하기보다 적대의 자리에 서려는 경향이 있기 때문이다.

본문에서 아담(인본주의)의 의지 발로는 어떻게 나타났는가?(창3:1-24)

____

____

＊예수님

막14:36을 읽고 묵상하라.

"아빠 아버지여 아버지께는 모든 것이 가능하오니 이 잔을 내게서 옮기시옵소서 그러나 나의 원대로 마시옵고 아버지의 원대로 하옵소서 하시고"

본문에서 예수님의 의지 발로는 어떻게 나타났는가?

____

____

＊바울

롬7:25을 읽고 묵상하라.

"우리 주 예수 그리스도로 말미암아 하나님께 감사하리로다 그런즉 내 자신이 마음으로는 하나님의 법을, 육신으로는 죄의 법을 섬기노라"

본문은 바울이 자신의 내면 갈등을 고백하고 있다. 바울이 마음의 의지 발로를 어떻게 고백하고 있는가?

___

　당신은 삶의 모든 선택과 결정을 할 때, ‘하나님은 이 문제에 대하여 어떻게 말씀 하실까’를 깊이 생각하고 결단해 본 적이 있는가? 아니면 나의 생각, 경험, 지식, 다른 사람의 말 등을 참고하여 결정하는가?

___

___

　③ 사탄의 유혹

　구원을 방해하는 세 번째 요소는 사탄의 유혹에 빠지는 것이다. 사탄의 최종 목적은 성도들로 하나님의 백성이 되지 못하게 하는 것이다. 사탄의 종, 죄의 종이 되게 하기 위해 모든 수단을 다 동원한다.

　본문 창3:1-24에서 아담과 하와가 사탄으로부터 어떤 유혹을 받았는가?

___

___

　본문에서 사탄이 하와를 유혹한 것은 인간 내면에 어떤 마음을 충동시키고 있는가?(예: 식욕, 명예, 욕망, 교만, 독립적 자유 등에서)

___

본문에서 사탄이 우리 인체의 어떤 경로를 통해서 유혹으로 다가오고 있는가? 눈—생각의 마음—손 등으로 생각해 보라.

벧전 5:8을 읽고 묵상하라.

"근신하라 깨어라 너희 대적 마귀가 우는 사자 같이 두루 다니며 삼킬 자를 찾나니"

본문에서 사탄을 대적하기 위하여 어떤 신앙생활을 하여야 하는가?

*욥

욥1:6-21을 읽고 묵상하라.

본문에서 사탄이 욥을 유혹한 것이 무엇인가?

욥은 사탄의 유혹을 어떻게 극복 했는가?

당신은 성도로서 사탄의 유혹에 빠지지 말아야 한다. 그러나 당신의 신앙생활에서 여러 가지 사탄의 유혹을 받은 사례가 있을 것이다. 그 사탄의 유혹에 빠졌던 일과 극복한 사례가 있으면 함께 나누어 보자.

---

3) 구원을 근원적으로 방해하는 것은 죄이다.

구원을 방해하는 요인이 말씀의 불순종, 자기의지의 발로, 사탄의 유혹인데, 이 세 요인의 결과는 죄와 죄의 증상을 낳는 것이다.

① 죄

죄는 하나님과 바른 관계가 빗나간 상태를 말한다. 죄는 하나님 말씀의 불순종 결과인 원죄(Original Sin)와 자범죄(sins)가 있다. 죄는 죽음에 이르게 하는 암과 같고, 암의 증상을 나타낸다.

📖 **심화학습**

죄: "하말티아"(헬)란 포커스(과녁)가 빗나갔다는 의미를 지닌다. 다시 말하면 피조물인 인간은 창조자 하나님과 올바른 관계, 즉 의존(전지전능성), 순종(동전 양면)의 관계에서 떠난 삶을 말한다.

죄의 본질: 하나님과 올바른 관계에서 떠난 것이다. 하나님의 인간창조는 하나님과 바른 관계 속에서(하나님의 형상으로 창조, 창1:26-30) 있어야 하고, 또 하나님의 선한 의지(사랑의 발로인 선악과나무를 세우심, 창3:3)를 순종해야 한다. 그러나 인간(아담=사람과 하와=생명)이 하나님으로부터 독립을 선언하고 자기를 주장하려는 의지(Self-assertive will)의 발로가 죄의 본질이다. 즉 인간 스스로 하나님과 같이 되겠다는 인본주의 사상과 뱀이 유혹한 사상이다(창3:5).

죄의 종류: 원죄(Original Sin, 자기를 하나님으로부터 독립 내지 스스로 닫아 버리는 것)와 자범죄(sins)가 있다. 자범죄는 원죄의 결과로 나타나는 현상들로서, 생각의 영역인 증오, 시기 등과 말의 영역에서 타인에게 상처 주는 말과 행동으로 나타나는 죄, 즉 폭력 등이 있다.

죄의 결과: 삼중적인 소외이다(창3:8-19). 하나님, 이웃, 그리고 자아로부터의 소외이다. 불안, 두려움, 정신병, 갈등, 고독, 죽음으로 다가간다.

ⓐ 롬3:23을 읽고 묵상하라.

"모든 사람이 죄를 범하였으매 하나님의 영광에 이르지 못하더니"

본문에서 모든 사람은 죄인이며, 죄 없는 사람은 한 사람도 없다는 사실을 본문의 말씀으로 적어보라.

____

____

본문에서 사람이 죄를 범하였으므로 하나님의 영광에 이르지 못한다고 말씀하고 있다. 하나님의 영광에 이르지 못한다는 것은 구체적으로 무엇을 의미하는가?

〈주석〉

영광: 성도가 아담타락 이전의 형상(창1:27)을 믿음으로 예수 그리스도 안에서 회복되는 것이다. 즉 구원이다.

ⓑ 롬1:18-32을 읽고 묵상하라.

"… 남자가 남자와 더불어 부끄러운 일을 행하여 그들의 그릇됨에 상당한 보응을 그들 자신이 받았느니라 또한 그들이 마음에 하나님 두기를 싫어하매 하나님께서 그들을 그 상실한 마음대로 내버려 두사 합당하지 못한 일을 하게 하셨으니 곧 모든 불의, 추악, 탐욕, 악의가 가득한 자요 시기, 살인, 분쟁, 사기, 악독이 가득한 자요 수군수군하는 자요 비방하는 자요 하나님께서 미워하시는 자요 능욕하는 자요 교만한 자요 자랑하는 자요 악을 도모하는 자요 부모를 거역하는 자요 우매한 자요 배약하는 자요 무정한 자요 무자비한 자라 그들이 이같은 일을 행하는 자는 사형에 해당한다고 하나님께서 정하심을 알고도 자기들만 행할 뿐 아니라 또한 그런 일을 행하는 자들을 옳다 하느니라"

　본문은 영원한 사망에 이르게 하는 죄와 죄의 증상들을 열거하고 있다. 그 죽음에 이르게 하는 죄목은 모두 몇 가지인가?

____

____

　② 사망

죄는 사망에 이르게 하는 암과 같다.

롬6:23을 읽고 묵상하라.

"죄의 삯은 사망이요"

본문에서 죄의 결과가 무엇인가?

____

____

본문에서 사망은 무엇을 의미하고 있는가?

____

____

　③ 심판대

모든 사람은 죄를 지었기 때문에 하나님의 심판대에 서게 된다.

히9:27을 읽고 묵상하라.

"한 번 죽는 것은 사람에게 정해진 것이요 그 후에는 심판이 있으리니"

본문에 의하면 인간은 죄의 결과로 죽는다는 사실과 죽음 후에는 반드시 하나님의 심판대에 서게 된다는 사실을 말씀하고 있다. 당신도 하나님의 심판대 앞에 서야 한다는 것을 아는가?

____

____

4) 구원의 길

구원은 어디서 누구로부터 얻어 지는가?

① 성경

ⓐ 요5:39을 읽고 묵상하라.

"너희가 성경에서 영생을 얻는 줄 생각하고 성경을 연구하거 니와 이 성경이 곧 내게 대하여 증언하는 것이니라"

본문에서 구원의 길이 어디에 기록되어 있다고 했는가?

____

____

ⓑ 히4:12을 읽고 묵상하라.

"하나님의 말씀은 살아 있고 활력이 있어 좌우에 날선 어떤 검보다도 예리하여 혼과 영과 및 관절과 골수를 찔러 쪼개기까 지 하며 또 마음의 생각과 뜻을 판단하나니 지으신 것이 하나도 그 앞에 나타나지 않음이 없고 우리의 결산을 받으실 이의 눈 앞에 만물이 벌거벗은 것 같이 드러나느니라"

본문은 구원에 이르게 하는 말씀의 능력을 제시하고 있다. 말씀은 인간을 구원의 자리에 이르게 하기 위하여 인간 인체의 어떤 부분까지 치료하는 능력이 있는가?

____

____

결국 성경은 구원에 이르게 하는 책이요 예수 그리스도를 증언하고 있음을 확신할 수 있는가?

____

____

② 예수 그리스도

ⓐ 행4:12을 읽고 묵상하라.

본문에서 구원의 길은 불교의 부처나 유교의 공자나 도덕이나 선행으로 이루어지는 것이 아니라 오직 누구를 통해 얻을 수 있다고 했는가?

____

____

모든 사람이 죄를 범하였다. 그러므로 모든 사람은 반드시 하나님의 심판대 앞에 서게 된다. 그리고 그 심판대에서 하나님으로부터 선고되는 판결에 따라 영생과 사망이 결정된다. 성도인 당신도 예외는 아니다. 만약 당신이 진정한 성도라면 하나님의 심판대 앞에서 무죄를 변론 받을 수 있는 특권이 약속되어져 있다. 그러므로 지금 당신에게 있어 가장 시급한 일은 주님이 인정하는 진정한 성도가 되는 것이다. 그러기 위해서는 먼저 하나님 앞에서 당신의 죄의 면제를 변호해 줄 전문 변호사를 만나는 일과 또 현재 나의 마음속에 죽음으로 이르게 하는 죄의 암 세포를 조기에 발견 하여 수술 해 주실 전문 의사를 만나야 한다. 이 땅에서 죄의 전문 변호사요 죄의 암세포를 수술할 수 있는 전문의는 오직 한 분뿐이다. 당신은 지금 그 분을 반드시 만나야 한다. 그래야 영생을 얻을 수 있다. 그분이 누구인가?

ⓑ 마1:21을 읽고 묵상하라.

"아들을 낳으리니 이름을 예수라 하라. 이는 그가 자기 백성을 그들의 죄에서 구원할 자이심이라."

본문에서 하나님의 심판대 앞에서 나의 죄를 변호해 주실 변호사요, 죽음의 암 세포 증상들을 근본적으로 치유하여 완전한 구원을 주실 전문의가 누구인가?

____

____

예수님의 이름의 뜻은 무엇인가?

____

____

____

예수의 이름의 뜻: 구원자. 부처: 깨달은 자.
양 종교에 대한 구원관에 대하여 의견을 나누어 보자.

____

____

ⓒ 히9:28을 읽고 묵상하라.

"그리스도도 많은 사람의 죄를 담당하시려고 단번에 드리신 바 되셨고, 구원에 이르게 하기 위하여 죄와 상관 없이 자기를 바라는 자들에게 두 번째 나타나시리라"

본문에서 예수님이 인간 구원을 위하여 행하신 일이 무엇인가?

____

____

당신은 예수를 믿음으로 구원을 얻는다. 구원의 현재성과 미래적인 구원에 대하여 설명할 수 있는가?

____

____

구원은 이미(롬5:1, 8:1, 현재형) 그러나 아직(살전1:10, 미래형), 즉 "Already but not yet"이다. 성경은 구원을 과거, 현재, 미래의 구원론으로 계시하고 있다. 구원의 시작과 완성의 이해를 돕기 위해 제2차 세계대전의 일화를 생각해 보자.

제2차 세계대전 때 1944년 연합군이 노르만디 상륙작전을 통해 독일을 격파하였다. 사실상 전쟁의 승패를 결정한 날이 되었다. 이 날을 D-Day(Decision-Day: 결판의 날)로 불렀다. 그러나 그 날이 독일이 완전히 항복한 날은 아닌 것이다. 마지막 항전을 거듭했지만 연합군이 독일의 수도 베를린을 정복함으로 전쟁에서 완전히 승리를 하게 되었다. 이 날을 정복의 날 V-Day(Victory-Day)로 불렀다.

예수님께서 초림하여 하나님의 나라를 선포하는 가운데 십자가에서 죽으셨다. 예수님의 십자가의 죽으심은 사탄의 머리를 상하게 하였을 뿐만 아니라 우리의 죄를 도말하였다. 예수님께서 십자가의 죽으심으로 모든 사역이 끝났다면, 우리의 죄도, 사탄의 정복도, 우리의 구원도 가져다주지 못한 것이다. 그러나 예수님께서 죽음에서 부활하심으로 인류의 현재적 구원이 시작된 것이다. 이 날이 바로 인간의 현재적 구원이 결정 된 날로 D-Day로 표현할 수 있다.

사탄은 예수님의 십자가와 부활의 결정적인 D-Day의 사건으로 머리가 상하고 또한 힘을 쓸 수 있는 등뼈가 부서지게 되었으나, 그 힘이 완전히 소멸된 것은 아니다. 그렇기 때문에 남은 계략과 힘을 다

해 최후의 발악을 하면서, 구원 얻은 성도들을 넘어뜨리기 위하여, 우는 사자처럼 삼킬 자를 찾고 있다(벧전5:8). 가령, 교회 봉사, 주일 성수, 헌금, 주님의 사역 방해 등이다. 그러나 사탄은 예수님의 재림하는 날에 완전히 패망하게 될 것이다(고전15:25). 그리고 그 날에 성도들은 완전한 구원을 얻어 승리의 날(V-Day)이 될 것이다. 승리의 그 날까지 예수님의 도움으로 사탄과 싸우면서 믿음을 지켜야 한다.

③ 성령

ⓐ 고전 12:3을 읽고 묵상하라.

본문에서 성도가 구원자 예수를 믿을 수 있는 것은 나의 의지인가? 아니면 누구의 의지인가?

____

____

ⓑ 행19:2을 읽고 묵상하라.

"너희가 믿을 때에 성령을 받았느냐 이르되 아니라 우리는 성령이 계심도 듣지 못하였노라"

본문에서 예수를 믿는 것이 나의 의지가 아니고 성령의 역사를 통해 주를 고백케 됨을 믿는가?

____

____

④ 오직 믿음

롬3:22-28 읽고 묵상하라.

"곧 예수 그리스도를 믿음으로 말미암아 모든 믿는 자에게 미치는 하나님의 의니 차별이 없느니라 모든 사람이 죄를 범하였으매 하나님의 영광에 이르지 못하더니 그리스도 예수 안에 있는 속량으로 말미암아 하나님의 은혜로 값없이 의롭다 하심을 얻은 자 되었느니라 이 예수를 하나님이 그의 피로써 믿음으로 말미암아 화목제물로 세우셨으니 이는 하나님께서 길이 참으시는 중에 전에 지은 죄를 간과하심으로 자기의 의로우심을 나타내려 하심이니 곧 이 때에 자기의 의로우심을 나타내사 자기도 의로우시며 또한 예수를 믿는 자를 의롭다 하려 하심이라 그런즉 자랑할 데가 어디냐 있을 수가 없느니라 무슨 법으로냐 행위로냐 아니라 오직 믿음의 법으로니라 그러므로 사람이 의롭다 하심을 얻는 것은 율법의 행위에 있지 않고 믿음으로 되는 줄 우리가 인정하노라"

본문에서 구원은 무엇으로 얻는가? _______________________

____

구원받는 데 차별이 있는가? _______________________

____

구원은 무슨 법으로 받는가? _______________________

____

구원은 은혜인가? 행위인가?______________________

____

⑤ 어떻게 믿음을 얻을 수 있을까?

ⓐ 엡1:13을 읽고 묵상하라.

"그 안에서 너희도 진리의 말씀 곧 너희의 구원의 복음을 듣고 그 안에서 또한 믿어 약속의 성령으로 인치심을 받았으니"

____

____

본문에서 믿음을 얻는 과정을 설명할 수 있는가?

____

____

ⓑ 롬10:17을 읽고 묵상하라.

"믿음은 들음에서 나며 들음은 그리스도의 말씀으로 말미암았느니라"

본문에서 믿음을 얻는 방법을 설명할 수 있는가?

____

____

____

ⓒ 행20:9을 읽고 묵상하라.

본문에서 유두고 청년의 말씀 듣는 태도는 어떠했는가?

____

____

ⓓ 마13:4-9을 읽고 묵상하라.

당신은 하나님의 말씀을 어떤 태도로 듣고 있는가? 하나님의 말씀으로 듣는가, 아니면 사람의 말로 듣고 있는가?

____

____

당신이 하나님의 말씀을 받아들임에 있어 어떤 종류의 마음 밭을 소유하고 있는지 본문의 말씀을 통해 스스로 진단해 보자.

마음의 밭의 종류(가시떨기, 길 가, 돌짝, 묵은 밭)

____

마음 밭의 종류에 따라 결실을 30, 60, 100배를 얻을 수 있다. 당신의 삶 가운데 몇 배의 결실을 기대하고 있는가?

____

____

ⓔ 막5:34을 읽고 묵상하라.

"딸아 네 믿음이 너를 구원하였으니 평안히 가라 네 병에서 놓여 건강할지어다"

본문에서 질병의 치유가 무엇으로 이루어졌는가?

*구원은 믿음으로 얻는다.

성경은 믿음에 일반적인 요소로 앎, 의지, 순종, 소망, 두려워함을 가지는 것으로 계시되고 있다. 그러나 믿음의 본질은 선포(Kerygma)된 복음을 받아들이는 것이다. 그 구원의 복음은 예수 그리스도가 나와 우리의 죄를 위하여 대신(Substitution, 일대일의 관계) 또는 대표(representative, 모두, All)하여, 십자가에 죽으심과 그의 부활하심에 연합됨을 믿는 것이다(고전15:3-4). 기독론적으로 믿는 것은 그리스도가 주(主)되심, 예수는 그리스도이심, 그리고 하나님의 아들로 믿는 것이다.

그러므로 바울은 우리가 믿음으로 그리스도와 함께 또는 그리스도 안에서 죽고, 그리스도와 함께 또는 그리스도 안에서 부활하는 것이다(롬6:3-11)라고 말한 바 있다.

믿음은 주님만이 줄 수 있는 은혜의 선물로서 그 선물은 세상 어느 누구도 흉내 낼 수 없다(행4:12). 그러므로 예수의 십자가와 부활을 믿는 믿음이 없는 선행, 자력, 세상의 지식, 명예, 부, 권력으로는 구원을 얻을 수 없다.

*돈으로도 못 가요 하나님 나라……

ⓕ 막1:15을 읽고 묵상하라.

"이르시되 때가 찼고 하나님의 나라가 가까이 왔으니 회개하고 복음을 믿으라"

본문에서 구원(하나님 나라의 임재)에 이르는 길은 무엇인가?

———————————————————————

———————————————————————

본문에서 믿음에 이르는 전제 조건이 무엇인가?

———————————————————————

———————————————————————

⑥ 죄 사함

당신이 구원을 받기 위해서는 반드시 죄 사함을 받아야 한다.

구원은 예수를 믿음으로 죄에 대한 사함을 받는 순간 현재적인 구원의 상태에 이르게 되지만, 그 현재적인 구원은 미래의 완성될 구원의 자리에서 최종적인 하나님의 심판대 앞에서 분명한 무죄 선고를 받아야 한다.

당신은 현재적인 구원을 받은 자이지만, 미래의 완성될 구원의 자리에 이르기까지 끝까지 믿음을 지켜야 하며, 또 하나님의 심판대 앞에서 당신의 무죄로 변론해 주실 예수 그리스도가 반드시 필요하다. 당신이 예수 그리스도를 믿는다는 것은 죄 사함과 관련하여 구체적으로 무엇을 믿는 것을 말하는가? (당신의 죄의 사함을 받는 사실과 관련하여 생각하라)

———————————————————————

행2:37-38을 읽고 묵상하라.

"그들이 이 말을 듣고 마음에 찔려 베드로와 다른 사도들에게 물어 이르되 형제들아 우리가 어찌 할꼬 하거늘 베드로가 이르되 너희가 회개하여 각각 예수 그리스도의 이름으로 세례를 받고 죄 사함을 받으라 그리하면 성령의 선물을 받으리니"

본문에서 죄 사함의 방법은 어떻게 이루어지는가?

____

____

본문에서 죄 사함의 결과는 무엇인가?

____

본문에서 성령을 선물로 받았다는 것은 구원과 어떤 관계가 있는가? 고전12:3을 함께 읽고 묵상하라.

____

____

행2:37-38과 행7:54-55을 비교하여 읽어 보고, 두 사람의 회개 태도를 말해 보자.

____

⑦ 하나님 나라의 임재의 경험

눅17:20-21 읽고 묵상하라.

"바리새인들이 하나님의 나라가 어느 때에 임하나이까 묻거

늘 예수께서 대답하여 이르시되 하나님의 나라는 볼 수 있게 임하는 것이 아니요. 또 여기 있다 저기 있다고도 못하리니 하나님의 나라는 너희 안에 있느니라"

본문에서 구원받은 자는 하나님의 나라가 어디에 임하는가?

____

____

⑧ 입으로 시인

롬10:10을 읽고 묵상하라.

"사람이 마음으로 믿어 의에 이르고, 입으로 시인하여 구원에 이르느니라"

본문에서 구원받은 자의 확신의 증거가 무엇인가?

____

____

⑨ 부활과 재림의 확신

ⓐ 행1:11을 읽고 묵상하라.

"갈릴리 사람들아 어찌하여 서서 하늘을 쳐다보느냐 너희 가운데서 하늘로 올려지신 이 예수는 하늘로 가심을 본 그대로 오시리라 하였느니라"

본문에서 구원받은 자가 믿어야 할 약속은 무엇인가?

____

____

예수님의 재림은 하나님 나라와 성도 구원의 완성이다. 성도는 주님 재림 시까지 믿음을 지켜야 한다.

ⓑ 마24:36을 읽고 묵상하라.

"그 날과 그 때는 아무도 모르나니 하늘의 천사들도, 아들도 모르고 오직 아버지만 아시느니라"

본문은 예수님이 약속하신 재림의 때에 대하여 언급하고 있다. 재림의 때는 오직 누구만 알 수 있는가?

____

____

＊재림의 징조

① 만인에게 복음전파(마24:14).

② 구원하기로 작정된 모든 유대인들이 주께로 돌아오는 회개의 역사(슥12:10, 롬11:25,26).

③ 7년 대 환난(계20:3).

전3년 반(복음전파와 이스라엘 회심)

후3년 반(적그리스도의 출현의 대박해 및 대배교)

ⓐ 거짓 선지자 출현(마24:11,24, 마24:5,23), 적그리스도의 출현(살후2:3,4), 거짓된 교리로 미혹(마24:23).

ⓑ 쾌락을 사랑하는 세상 풍조(딤후3:4).

ⓒ 자연적인 재난뿐만 아니라 사탄의 세력에 의해 인격적인 박해가 있다(마24:11).

따라서 믿음을 지키는 성도가 드물다(눅18:8).

＊재림

(대환난 전의 1차 공중 재림과 대환난 후 2차 지상 재림론과 대환난
의 끝날 무렵에 완전 재림함)

① 죽은 자의 부활(계20:5,6)

② 성도의 변화된 몸(휴거; 살전4:16,17) : 1차 공중 재림 또는 완전
재림

③ 그리스도의 영접(살전4:17). : 어린양의 혼인잔치, 영생의 상급과
포상(5대 면류관, 롬12:15)

④ 대심판(계20:14): 성도는 생명의 부활, 악인은 심판의 부활

⑤ 신천신지(악이 완전히 제거된 새 하늘과 새 땅에서 그리스도와 함
께 영원히 산다): 악인은 불 못에 던져진다.

＊자세

깨어 있으라(계16:15).

신랑 맞이할 등과 기름을 준비하라(마25:1-12).

전신갑주를 입으라(엡6:10-20).

이상을 통해 구원받는 자의 내적 구원 확신의 7단계를 정리해 보자.

(1) 복음을 듣고

(2) 찔림, 회개

(3) 죄 사함

(4) 성령의 받음

(5) 입으로 시인

(6) 성령 안에서 하나님의 능력 있는 삶(의, 평강, 희락)

(7) 부활의 확신(믿음을 통해 천국에 들어감, 구원의 완성)

5) 구원받는 자의 삶

구원은 내적인 고백과 확신이 이루어 진 후에 외적인 증거대로 나타나야 한다.

① 예수 증거

ⓐ 행8:12-13을 읽고 묵상하라.

"빌립이 하나님 나라와 및 예수 그리스도의 이름에 관하여 전도함을 그들이 믿고 남녀가 다 세례를 받으니 시몬도 믿고 세례를 받은 후에 전심으로 빌립을 따라다니며 그 나타나는 표적과 큰 능력을 보고 놀라니라"

본문에서 구원함을 받은 빌립이 외적인 증거로 무엇을 하였는가?

____

____

ⓑ 행8:35을 읽고 묵상하라.

"빌립이 입을 열어 이 글에서 시작하여 예수를 가르쳐 복음을 전하니…"

본문에서 빌립이 에디오피아 내시에게 누구를 증거하고 있는가?

____

____

ⓒ 요1:45을 읽고 묵상하라.

"빌립이 나다나엘을 찾아 이르되 모세가 율법에 기록하였고 여러 선지자가 기록한 그이를 우리가 만났으니 요셉의 아들 나사렛 예수니라"

본문에서 빌립은 예수를 믿고 난 후 그의 외적인 증거의 삶으로 나다나엘에게 누구를 증거하고 있는가?

② 영적 예배

롬12:1-2 읽고 묵상하라.

"형제들아 내가 하나님의 모든 자비하심으로 너희를 권하노니 너희 몸을 하나님이 기뻐하시는 거룩한 산 제물로 드리라 이는 너희가 드릴 영적 예배니라. 너희는 이 세대를 본받지 말고 오직 마음을 새롭게 함으로 변화를 받아 하나님의 선하시고 기뻐하시고 온전하신 뜻이 무엇인지 분별하도록 하라"

본문에서 구원받는 성도의 두 가지 외적인 증거의 삶이 무엇인가?

③ 능력

ⓐ 고전4:20을 읽고 묵상하라.

"하나님의 나라는 말에 있지 아니하고 오직 능력에 있음이라"

본문에서 구원 받은 자는 어떻게 살아야 하는가?

ⓑ 롬14:17을 읽고 묵상하라.

"하나님의 나라는 먹는 것과 마시는 것이 아니요 오직 성령 안에 있는 의와 평강과 희락이라"

본문에서 구원 받는 자의 구체적인 3가지 삶의 상태는 무엇인가?

④ 헌신

고후 9:11-13을 읽고 묵상하라.

"너희가 모든 일에 넉넉하여 너그럽게 연보를 함은 그들이 우리로 말미암아 하나님께 감사하게 하는 것이라 이 봉사의 직무가 성도들의 부족한 것을 보충할 뿐 아니라 사람들이 하나님께 드리는 많은 감사로 말미암아 넘쳤느니라 이 직무로 증거를 삼아 너희가 그리스도의 복음을 진실히 믿고 복종하는 것과 그들과 모든 사람을 섬기는 너희의 후한 연보로 말미암아 하나님께 영광을 돌리고"

본문에서 구원받는 성도는 섬기는 봉사의 직무를 수행하고 있다. 그 봉사의 직무가 구체적으로 무엇인가?

⑤ 삶

예수 믿고 구원 받은 자는 구체적인 변화의 삶이 있어야 한다.

눅19:1-10을 읽고 묵상하라.

본문에서 삭개오는 왜 예수 만남을 소원하였는가?

____

____

예수 만남에 장애가 되는 요소는 무엇인가?

____

____

만남과 변화의 과정

____

____

그의 삶의 목적은 무엇인가?

____

____

그의 변화된 삶이 어떻게 나타났는가?

____

____

이제 구원받은 자의 외적인 생활 7단계를 정리해 보자.

ⓐ 예배생활

ⓑ 하나님의 뜻을 분별하는 생활

ⓒ 말씀에 순종하는 생활

ⓓ 하나님 나라의 능력 있는 신앙생활

ⓔ 섬김과 봉사와 헌금생활

ⓕ 감사생활

ⓖ 예수 증거의 생활

6) 구원받는 성도의 변화된 신분

구원 받은 성도는 4가지 놀라운 신분 변화가 주어진다.

① 죄의 종에서 의의 종으로(稱義, Justification)

📖 **심화학습**

'의인' 이란 말은 법정 용어이다. 우리는 원래 자신의 죄에 대하여 죽음의 심판의 자리에 이르게 되었다. 그러나 예수 그리스도께서 내 죄를 대신하여 십자가에 죽으시고 또 부활하심을 믿는 믿음을 보시고, 심판관이신 하나님 앞에서 변호사로 변론해 주심으로써, 예수 그리스도를 믿는 그 믿음에 근거하여, 모든 죄를 용서함과 동시에 무죄를 선언하심으로써 의인이 된 것이다. 따라서 의인은 죄인의 자리에서 의인으로 선포해 주신 하나님에 대한 의존, 보호, 순종의 올바른 관계 속에 들어가서 사는 삶을 말한다.

ⓐ 롬4:25을 읽고 묵상하라.

"예수는 우리가 범죄한 것 때문에 내줌이 되고 또한 우리를 의롭다 하시기 위하여 살아나셨느니라"

본문에서 예수님께서 성도로 세우기 위하여 하신 두 가지 사역은 무엇인가?

____

____

② 적대에서 화해로

'화해'란 인간관계에서 온 용어인데, 원래 인간은 죄 때문에 하나님과 적대적인 불화의 관계에 놓여 있었으나, 예수 그리스도께서 십자가에 죽으심으로, 하나님과 인간 사이에 막힌 죄의 담을 허시고 화해의 관계로 회복했다. 예수님과 친구가 된 것이다. 그러므로 죄에 대한 두려움도 사라지고, 참된 자유와 평화의 관계가 되었다. 이제는 하나님과의 원죄의 관계의 화해뿐만 아니라 인간관계에서 화해의 삶을 살아야 한다.

엡2:14을 읽고 묵상하라.

"그는 우리의 화평이신지라. 둘로 하나를 만드사 원수 된 것 곧 중간에 막힌 담을 자기 육체로 허시고"

본문에서 예수님은 성도를 세우기 위하여 무슨 사역을 하셨는가?

③ 사람의 아들에서 하나님의 아들로(入養, Adoption)

'입양'이란 말은 가족관계에서 온 말이다. 이스라엘 백성은 하나님께 선택된 언약의 백성으로 하나님의 아들 또는 아들들로 불리었다. 그러나 이스라엘 백성은 하나님을 의지하고 순종치 않음으로 하나님의 백성 됨에 실패했다. 그러나 예수님께서 다니엘 7장 13절과 이사야 42장 6절, 49장 8절, 53장의 예언의 성취하는 분으로 오셔서, 우리를 하나님의 자녀 되게 하기 위하여 십자가의 대속적인 죽음으로 새 언약을 세우셨다. 예수님께서 십자가를 지시기 전날 밤에 제자들과 최후의 만찬을 하시면서, 이 떡은 너희를 위하여 부서진 나의 몸이고, 이 잔은 새 언약을 세우기 위한 나의 피라고 하셨다. 그러므로 우리는 믿음으로 하나님의 아들 됨에 참여하여서 하나님의 아들이 되었다. 예수님은 자신이 하나님을 "아빠"라고 부르면서 자신을 따르는 제자들에게도 하나님을 "아빠"라 부르게 했다. 이 말은 하나님의 아들들이 되게 했다는 것이다.

ⓐ 갈4:4-6을 읽고 묵상하라.

"때가 차매 하나님이 그 아들을 보내사 여자에게서 나게 하시고, 율법 아래에 나게 하신 것은 율법 아래에 있는 자들을 속량하시고 우리로 아들의 명분을 얻게 하려 하심이라. 너희가 아들이므로 하나님이 그 아들의 영을 우리 마음 가운데 보내사 아빠 아버지라 부르게 하셨느니라"

본문에서 성도가 어떻게 하나님을 아빠 아버지로 부를 수 있게 되었는가?

____

____

아빠 아버지의 뜻은 무엇인가?

____

____

아빠 아버지: 전자는 히브리어(아람어), 아버지(그 역어인 헬라어)이다. 예수 자신의 기도문(막14:36)에서 시작되었으며, 초대교회에서 예수에 대한 흠모의 정에서 비롯되어 차차 형식화 되었다.

ⓑ 롬8:15을 읽고 묵상하라.

"너희는 다시 무서워하는 종의 영을 받지 아니하고, 양자의 영을 받았으므로 우리가 아빠 아버지라고 부르짖느니라"

본문에서 성도가 하나님을 아빠 아버지로 부르게 된 것은 무슨 영을 받았기 때문인가?

____

____

하나님 자녀는 무슨 특권이 있는가?

중생의 결과(요9:52, 요한1서 3:1,2,10, 5:2)

상속 ____

____

생명의 관계 __________________________________

____

사랑의 관계 __________________________________

____

④ 옛 사람에서 새 사람(New Creation)으로

'새 존재'는 죄로 말미암아 옛 아담의 잃어버린 하나님의 형상을 그리스도께서 십자가에서 대속의 죽으심으로 죄에 대하여는 죽고 의에 대하여 살리신 부활에 연합함으로써, 그리스도 안에서 새롭게 하나님의 형상을 회복한 새 창조의 실제를 나타내는 말이다. 따라서 새 존재는 옛 존재의 모든 것을 십자가에 못 박고, 그리스도 안에서 하나님과의 새로운 바른 관계를 형성하면서 오직 하나님만을 의존하고 순종하게 된다. 그러므로 새 존재는 사고나, 존재 양식 그리고 삶의 원동력이 그리스도 안에서 계획하고 행하는 것이다.

고후 5:17을 읽고 묵상하라.

"그런즉 누구든지 그리스도 안에 있으면 새로운 피조물이라 이전 것은 지나갔으니 보라 새 것이 되었도다"

본문에서 구원받는 존재를 무엇이라 부르는가? ___________

구원받은 존재는 어떤 사고방식으로 살아가야 하는가?

3. 말씀과 진단의 관계성

그 동안 구원에 대한 나의 생각과 믿음이 말씀의 구원관과 일치하는가?

만약 일치하지 못한 부분이 있었다면 어떤 부분인가?

말씀의 구원관을 받아들일 수 있는 지 정 의의 변화를 기대할 수 있는가?

4. 변화

이제 나 자신이 구원 받은 확신이 있다면 앞으로 나의 신앙의
삶 가운데 어떤 변화를 기대할 수 있는가?

나의 고백____

____

나의 입술(선포)____________________________________

____

나의 삶(긍지, 능력)__________________________________

____

가정____

____

교회____

____

세상____

____

5. 성도입니까?

본 과를 통하여 나는 구원 받은 성도임을 다시 한 번 확신하게 되었다.

나는 하나님의 성도로서 부끄럽지 않은 삶을 위하여, 다음과 같이 다짐해 본다.

1) 나는 하나님의 자녀요, 의의 종이요, 새 피조물인 구별된 성도로서, 오늘 이 시간 주님 오시면 "아멘 주 예수여 오시옵소서"라고 선포할 수 있는 믿음이 있는가?

____

____

2) 나는 값 없이 주시는 하나님의 은혜로 구원을 받았으므로 이제부터는 하나님을 향한 예배, 순종, 봉사, 헌신, 전도의 입술이 되기로 다짐할 수 있는가?

____

____

3) 나는 구원 받은 성도로서 날마다 순간마다 구원의 천국을 소망하며, 하나님이 주시는 능력 안에서 모든 것을 할 수 있다는 긍정의 삶을 살아 갈 수 있는가?

____

____

4) 나는 구원받은 성도로서 세상 속에서 타인과의 비교문화의 열등감에서 떠나 하나님의 자녀로서 가슴을 펴고, 세상을 향하여 빛의 삶으로 살아계신 구원의 하나님을 증거하며 살아가기로 다짐 할 수 있는가?

찬송: 288장 "예수를 나의 구주 삼고"

기도:

사랑의 주님!

나는 구원 받을 수 없는 죄인입니다. 나는 주님 앞에 아무것도 내놓을 수 없는 부족한 사람입니다. 지난날을 생각해 보면 하나님을 진실히 믿지도 않고, 구원의 확신도 없이 그저 교회 뜰만 밟고 다니며 종교인처럼 생활도 하였습니다. 뿐만 아니라 하나님의 계명대로 하나님을 섬기는 거룩한 신앙생활도 하지 못했습니다. 이웃을 향한 생명 전도, 사랑, 의로움, 선행의 행함이 없는 생활도 하였습니다. 그럼에도 불구하고 예수님께서 나 같은 죄인을 용서해 주시고 구원하기 위하여 십자가에 죽으시고 부활하셨습니다. 그리고 예수님께서 말씀하셨습니다. 나를 믿는 자는 죽어도 살겠고, 무릇 살아서 나를 믿는 자는 영원히 죽지 않는다고 약속하셨습니다. 나는 이 시간 주님의 구원의 약속의 말씀을 믿습니다.

이제 나는 예수를 믿음으로 구원함을 받았음을 입으로 시인하고 만 천하에 선포 합니다. "나 ○○○는 주님의 보혈을 믿음으로 구원 받았습니다"라고 말이다.

주님! 나 같은 죄인이 주님을 믿을 수 있게 해 주시니 감사합니다. 이제 구원 받은 성도로서 우리 주님과 동행하며 이 세상에서 승리하는 신앙생활 하다가 천국에서 우리 주님을 만나 뵙겠습니다.

예수님의 이름으로 기도합니다. 아멘

옆에 계신 형제자매와 손을 잡고 1분간 서로가 구원 받은 자의 삶을 살 수 있도록 함께 기도합시다.

하나님께 영광의 박수를 보냅시다.

해설 및 해답지

2. 말씀

1) 구원이란 무엇인가?

- 롬8:2: 죄와 사망에서 구원(해방)
- 엡2:1: 죄와 허물
- 구원을 의미하는 단어: 해방, 살리는 것

2) 당신의 구원을 방해하는 것이 무엇인가?

- 창3:1-24: 선악과를 따먹지 말라는 어김
- 불순종의 결과는 죄와 사망이 왔다.
- 삼상15:22-23: 여호와께서 왕을 버림
- 말씀의 불순종은 구원을 주시는 하나님에 대한 불순종이기 때문이다.
- 구원의 길은 말씀에 기록되어 있다.
- 막14:36: 아버지의 원대로(의지)
- 롬7:25: 마음은 하나님의 법, 육신은 죄의 법을 섬김
- 창3:1-24: 인간 내면 의지 발동을 충동했다.
- 벧전5:8: 깨어 근신하는 신앙
- 욥1:6-21: 자녀와 재산의 상실
- 욥의 사탄 극복: 자녀와 재산을 초월한 신앙심(모든 것이 주님의 것임을 고백)

3) 구원을 근원적으로 방해하는 것은 죄이다.

- 롬3:23: 모든 사람이 죄를 범하였으매
- 하나님의 영광에 이르지 못하는 것은 죄 때문이다.
- 롬1:18-32: 30가지 죄의 증상
- 롬6:23: 사망
- 히9:27: 서야 한다. 예외는 결코 없다.

4) 구원의 길

- 요5:39: 성경
- 히4:12: 혼, 영, 관절, 골수 까지
- 행4:12: 예수 그리스도
- 마1:21: 예수
- 예수 이름의 뜻: 구원자
- 히9:28: 죄를 담당하시기 위하여 단번(십자가의 제물)에 드린바 됨.
- 구원의 현재성과 미래성: 구원은 믿음으로 이미 구원을 얻었으나, 아직 완성된 것은 아니다.
- 고전12:3: 성령
- 행19:2: 아멘
- 롬3:21-28: 구원: 믿음으로, 하나님의 의는 차별이 없다. 구원의 법은 오직 믿음의 법이다. 은혜로 구원을 얻는다.
- 엡1:13: 구원의 과정: 말씀 듣고, 믿고, 성령의 인치심으로.
- 행20:9: 창에 걸터앉아 있다가 깊이 졸고 있었다.
- 마13:4-9: 말씀 듣는 태도: 하나님의 말씀
- 막5:34: 말씀
- 막1:15: 회개하고 복음을 믿는 것
- 행2:37-38: 죄 사함의 방법: 말씀 듣고, 회개하고 예수 그리스도를 믿음으로 고백하며 죄 씻음을 받는 세례를 받음이다. 이 모든 것을 가능케 하는 것은 성령님이다.
- 성령을 받은 것과 구원과의 관계: 성령에 의하지 않고는 주를 고백 할 수 없다.
- 행2:37과 행7:54-55의 회개 태도 비교: 공통점은 마음에 찔림. 차이점은 베드로의 설교를 듣고 회개한 반면에, 스데반의 설교 듣고 이를 갈고 돌로 쳐 죽임
- 눅17:20-21: 마음
- 롬10:10: 마음으로 믿고, 입으로 시인한다.

- 행1:11: 다시 오실 주님
- 마24:36: 아버지만 아심

5) 구원 받는 자의 삶
- 행8:12-13: 예수 이름 전도의 삶과 함께 나타나는 표적과 큰 능력을 행함
- 행8:35: 예수
- 요1:45: 요셉의 아들 나사렛 예수
- 롬12:1-2: 영적예배와 온전하신 뜻
- 고전4:20: 예수 능력의 삶
- 롬14:17: 의, 평강, 희락의 삶
- 고후9:11-13: 연보
- 눅19:1-10: 삭개오의 예수 만남. 소원: 예수의 소문을 듣고 자신을 짓누르고 있는 정신적, 신체적 열등감을 예수 만남으로 해결코자하는 열망이 있었다.
- 예수 만남의 장애적인 요소: 체면, 신체, 무리들, 자신감의 상실. 만남과 변화의 과정: 열망(돌 무화과나무에 올라감). 예수님의 부르심으로 만남이 이루어짐. 변화의 과정: 예수님의 부르심에 응답, 나눔, 회개.
- 삶의 목적: 복음
- 변화: 육의 삶에서 영의 삶

6) 구원받은 성도의 변화된 신분
- 롬4:25: 죽으심과 부활
- 엡2:14: 막힌 담(죄)을 허시고
- 갈4:4-6: 하나님의 아들, 아빠로 부름(더 친근함)
- 롬8:15: 양자의 영, 특권: 중생, 자녀, 상속, 아버지와 끊을 수 없는 사랑.
- 고후5:17: 새로운 피조물, 옛 사람 의식에서 새 사람의 의식으로

제 4 권
왜 살아가고 있습니까?

사색의 강가에서

어느 공동묘지 관리인의 고백이다.

수년 동안 한 주일도 거르지 않고 매주마다 키가 작고 온순한 이 사람에게 알지 못하는 여인으로부터 편지와 함께 우편환이 동봉되어 왔는데, 죽은 자기 아들의 무덤에 매주마다 신선한 꽃다발을 갖다 놓아 달라는 부탁이었다.

그런데 어느 날 이 사람은 직접 그 여인을 만나 볼 수가 있었다. 공동묘지 현관 쪽으로 자동차가 미끄러져 들어오더니 운전사가 급히 사무실로 뛰어와 한참 바쁘게 펜을 놀리고 있는 이 키 작은 관리인에게 "밖에 계신 부인께서 너무나도 병이 지친 몸이라서 걸어 나올 수가 없으니 와서 좀 도와주시오."라고 부탁했다. 차 안에는 병색이 완연한 늙은 부인이 앉아 기다리고 있었고, 그의 품안엔 아주 커다란 꽃다발 뭉치가 안겨져 있었다. 그 부인이 입을 열었다. "내가 아담스 부인입니다. 몇 해 동안 한 주도 거르지 않고 당신에게 꽃을 사라고 5달러 우편환을 보낸 사람입니다. 그러자 관리인이 소리쳤다. "예, 그 무덤 위에 놓아 달라는 부탁을 한번도 잊어 버리거나 걸러 본 적이 없습니다."

아담스 부인은 조용히 말하기를 "오늘은 제가 직접 이곳에 왔습니다. 의사 선생님이 제가 앞으로 몇 주일을 더 살지 못하게 될 것이라고 해서 말입니다. 제게는 이제 생의 목표가 없어진 것입니다. 그러나 저는 제가 죽기 전에 이곳까지 와서 직접 한번 보고 손수 꽃다발을 놓아주고 싶었습니다." 관리인은 말없이 그 여인을 쳐다보다가 드디어 결심한 듯 말했다. "부인 저는 꽃을 사라고 계속 돈을 부쳐 주시는 걸 보고 늘 유감으로 생각했었습니다." "유감이라고요?" "유감이지요. 꽃은 잠시 동안만 생명을 유지할 수 있기 때문입니다. 더구나 어느 누구도 그 꽃을

보거나 그 꽃의 향내를 맡을 수가 없습니다. 그것은 정말 유감스러운 일입니다.”
“당신은 그걸 말이라고 하는가요?”
“아 그렇게 화내지는 마십시오 저는 방문회에 속한 사람입니다. 주립병원이나 정신병원 같은 곳에 있는 사람들은 정말 꽃을 좋아합니다. 그리고 그들은 그 꽃을 볼 수도 있고 그 꽃 향내를 맡을 수도 있습니다. 부인, 그런 곳에는 살아있는 사람들이 많이 있습니다. 그러나 이 무덤에는 아무도 없습니다. 정말 아무도 그 꽃을 보거나 그 향내를 즐길 사람은 한 사람도 없습니다.”
그 부인은 아무런 대답도 하지 않았다. 잠깐 동안 앉은 채로 조용히 기도를 몇 번 반복하더니 한 마디 말도 없이 가버리고 말았다. 이 관리인은 조금 걱정이 됐다. 혹시 그 부인이 마음에 어떤 충격이라도 받아서 더 빨리 죽게 되지는 않을까 하고…
그러나 몇 달이 지난 후에, 그는 다시 한 사람의 방문을 받고 몹시 놀라지 않을 수 없었다. 이번에는 사실 이중으로 놀랐다. 이번에 온 차에는 운전사가 없다는 사실과 또 그 부인이 혼자서 운전석에 앉아 차를 몰고 왔다는 점 때문이었다.
“나는 손수 꽃다발을 다른 사람에게 갖다 주었습니다.”
그 부인은 부드러운 미소를 띠우면서 사실을 털어 놓았다.
“당신의 말이 맞았습니다. 그렇게 하니까 그들은 몹시 기뻐하더군요. 그리고 저도 기뻐지고요…. 의사는 어떻게 해서 내가 이렇게 다시 건강해 졌는지 그 이유를 모르고 있습니다. 그러나 저는 분명히 알고 있습니다. 지금 저는 생(生)의 목표를 다시 찾았습니다.”
우리 인생에게 가장 중요한 것은 자신의 분명한 생의 목표를 발견하는 데 있지 않을까요?

―「무엇이 삶을 아름답게 하는가」에서

성도는
왜 살아가고 있습니까?

나는 왜 살고 있는가?

그 동안 아둥바둥 하며, 다람쥐 쳇바퀴 돌 듯 살아왔는데, 지금 생각해 보면 과연 나는 무엇을 위한 삶이었는가?

지난 과에서 나는 이미 구원받았고 또 구원의 완성을 향해 승리의 신앙을 경주하고 있는 성도로서, 하나님이 나를 무슨 목적으로 이 세상에 태어나게 했으며, 왜 굳이 구원을 받아야 하는가에 대한 해답을 나의 삶의 목적을 재발견함으로 깨닫게 된다는 원리를 배웠다.

1. 진단

본 진단은 당신의 삶 가운데서 구체적으로 주어지는 삶의 진단이다. 본 진단에서 당신은 지금까지 살아온 삶의 뒤안길의 회고와 현재의 삶과 미래의 삶의 목적을 분명히 정립하는 기회가 되어야 한다.

1) 당신은 왜 살아가고 있는가? 자신의 입장을 말해보자.

____

____

2) 당신의 삶의 목적이 자신의 성공을 위한 것인가? 아니면 하나님의 목적을 이루어 가는 삶인가? 각자의 말로 적어 보자.

____

____

3) 당신의 묘비에 무슨 글을 남기겠는가? 각자의 말로 적어보자(묘비의 글은 간결해야 한다).

____

____

4) 당신이 성도라면 하나님 앞에서 주어지는 마지막 질문에 답변할 준비가 되어 있는가?

____

____

5) 지금까지 살아 온 자신의 삶의 발자취에 대하여 긍지를 가지고 있는가? 있다면 왜?

____

____

2. 말씀

당신의 삶의 목적에 대한 진단이 올바른 것인지에 대하여 성경 말씀은 어떻게 제시하고 있는가?

성경은 성도가 어떻게 살아야 하는지에 대한 분명한 삶의 목적을 제시하고 있다.

많은 성도들은 자신의 세상적인 성공이 곧 하나님께 영광을 돌리는 삶으로 착각하는 경우가 많다. 이는 다분히 자기중심적이요, 물량주의적이요, 세속주의적이요, 성공주의에 빠진 잘못된 신앙적 인생관이다. 극단적인 표현을 한다면, 이 같은 신앙관은 하나님은 자기 필요의 하나님이요, 하나님을 자기 속으로 끌어들이는 종속적이요, 무속적인 신앙관이다.

성도의 신앙과 삶의 목적은 나의 성공이 아니라 하나님이 주신 목적을 이루어 드림으로 하나님께 영광을 돌리는 삶이 되어야 한다. 다시 말하면 하나님의 목적 안에서 나의 삶을 이루어 가는 것이 곧 하나님의 영광을 돌리는 것이다. 그러므로 하나님의 영광을 위한 목적을 이루어 가는 삶이 진정한 성공이요 축복의 삶임을 기억하라.

1) 다양한 삶의 목적들

성경에는 부귀영화를 삶의 목적으로 추구하는 사람이 있다.

성도 또한 하나님이 주시는 부귀영화의 복을 받을 특권이 있다. 성도가 하나님으로부터 받는 부귀영화가 비성서적인 것이 아니다. 구약성서는 하나님은 택한 백성에게 부귀영화를 주실 것을 약속하고 있다.

문제는 성도가 자신의 부귀영화를 누리는 것을 삶의 목표로 삼고 살아가는 데 있다. 그리고 하나님이 허락하신 부귀영화와 성공의 열매에 대한 청지기 의식보다 자기의 것으로 인식하고 사용하는 데 있는 것이다.

① 대상29:12을 읽고 묵상하라.

"부와 귀가 주께로 말미암고 또 주는 만유의 주재가 되사 손에 권세와 능력이 있사오니 모든 사람을 크게 하심과 강하게 하심이 주의 손에 있나이다"

본문에서 부와 귀 그리고 권세와 능력, 크고 강하게 하심의 원천은 누구로부터 주어지는가?

____

____

② 계5:12을 읽고 묵상하라.

"큰 음성으로 이르되 죽임을 당하신 어린 양은 능력과 부와 지혜와 힘과 존귀와 영광과 찬송을 받으시기에 합당하도다 하더라."

본문에서 능력과 지혜와 부와 힘과 존귀와 영광과 찬송을 받으실 분은 누구인가?

____

____

③ 솔로몬

구약의 솔로몬은 이스라엘의 3대 왕으로 인생의 부귀영화와 지혜와 쾌락을 누린 상징적 인물이다. 솔로몬의 삶의 목적은 누구보다 더 많은 부귀영화를 쟁취하여 힘 있는 왕으로서의 삶을 영위하는 것이었다. 솔로몬의 부귀영화의 상징으로 자신의 왕궁을 13년 동안 건축했다(왕상 7:1). 그리고 그가 물려받은 상속도 오늘의 달러로 환산하면 약 1천 2백억 불 정도이니, 당시 상황에서 보면 상상을 할 수 없는 엄청난 금액이었다(대상22:14, 29:4, 7-8). 솔로몬 또한 쾌락의 상징으로 그가 바로의 딸과 결혼한(왕상3:1) 것을 비롯하여, 그에게는 후궁이 700명이요, 첩이 300명(왕상11:3)이나 있었다. 그의 지혜는 잠언서 저자로서 당대 최고의 지혜를 가진 자로 보아야 할 것이다.

ⓐ 전2:1-5을 읽고 묵상하라.

본문에서 솔로몬이 추구했던 구체적인 삶의 목적이 무엇인가?

또 솔로몬 자신이 추구했던 삶의 목적에서 어떤 것이 헛된 것이였음을 깨닫고 탄식하고 있는가?

____

____

ⓑ 전1:12-18을 읽고 묵상하라.

본문에서 솔로몬이 추구했던 구체적인 삶의 목적이 무엇인가? 또 솔로몬 자신이 추구했던 삶의 목적에서 어떤 것이 헛된 것이었음을 깨닫고 탄식하고 있는가?

____

____

ⓒ 전12:9-14을 읽고 묵상하라

본문에서 솔로몬은 사람의 진정한 삶의 목적이 무엇이라고 권면하고 있는가?

____

____

④ 사울

행9:1-2을 읽고 묵상하라.

본문에서 사울은 삶의 목적을 어디에 두고 있는가?

____

____

⑤ 당신은?

당신은 지금까지 삶의 목적을 어디에 두고 살아왔는가? 서로 나누어 보자. 가령, 물질, 지혜, 쾌락, 명예인가? 아니면 하나님께 영광을 돌리는 삶인가?

____

____

2) 하나님의 영광을 위한 삶

복 받은 성도는 그의 삶이 하나님께서 주신 그 목적을 이루어 드림으로 하나님께 영광을 돌리는 삶이다.

① 바울

ⓐ 고전10:31, 빌1:20을 읽고 사울에서의 삶의 목적과 바울에서의 삶의 목적이 어떻게 변화되었는가를 서로 나누어 보자.

____

____

〈주석〉

사울은 예수를 만나기 전의 이름이다. 그 이름의 뜻은 "큰 자"로서, 당대 최고의 율법대가인 가말리엘 문하생이다. 사울의 삶의 목적은 오직 율법을 추구하는 것이 유일한 구원의 길로 믿고 있었다. 그렇기 때문에 당시 믿음으로 구원의 복음을 선포한 예수와 그의 제자들을 박멸하는 것이 율법을 지키는 것이며 그것을 자신의 사명으로 알고 있었다. 그러나 그가 다메섹에서 부활의 예수를 만난 후 그의 이름을 바울(뜻: 작은 자)로 개명하고 그의 삶의 목적은 오직 하나님께 영광을 돌리는 삶으로 전환되었다. 주님의 만남이 바울에게 Turning Point가 되었다.

② 아굴

아굴(뜻: 채집자)은 야게의 아들로서 잠언 30장을 기록한 저자다. 그가 죽기 전에 하나님께 이루어 달라는 기도 제목을 통해 그의 평생 삶의 목적이 무엇인가를 유추해 볼 수 있다.

ⓐ 잠언30:7-9을 읽고 묵상하라.

본문에서 아굴이 하나님께 구한 두 가지 소원이 무엇인가?

____

____

ⓑ 그리고 그의 평생 소원하는 기도를 미루어 보아서 그의 삶의 목적이 무엇이라고 생각하는가?

____

____

ⓒ 왜 아굴이 하나님께 두 가지 기도 응답을 소원하게 되었는가? 본문에서 그 해답을 찾아 기록하라.

____

____

③ 당신은?

당신의 삶의 목적을 결단할 때가 되었다.

당신은 삶의 목적을 하나님께 영광을 돌리는 삶으로 결단할 수 있는가?

____

____

만약 당신이 하나님의 영광을 위한 삶으로 그 목적을 결단했다면, 지금까지 당신이 추구해온 삶의 목적들(재능, 직업, 성공과 관련하여)을 어떤 방향으로 전환해야 하나님께 영광을 돌릴 수 있는가? 구체적인 변화의 다짐을 서로 나누어 보자.

____

____

📖 **심화학습**

하나님의 영광에 대하여 생각해 보자.

① 영광이란?

우리말의 뜻은 '빛나는 영예', '광영' 그리고 '영은'이다.

신약성경에는 영광이란 말과 관련하여, 원어로 〈독사〉(영광)와 〈티메〉(존귀)라는 말이 사용되고 있다.

이 〈독사〉라는 말은 구약의 〈키보드〉(무겁게 여김)의 번역으로 가장 적절한 의미를 가진 말로 사용되었다. 〈독사〉는 두 가지 의미로 생각할 수 있다. 첫째는 견해(스스로의 생각)이고, 둘째는 평판(다른 사람이 그에게 생각하는 것)이다.

하나님께 영광이란 말은 〈독사〉의 첫 번째 의미인 '견해'로 이해될 수 있다. 이 '견해'는 스스로 계신 자요 거룩한 자의 견해이다. 마치 태양이 스스로 빛을 내는 발광체인 것처럼 하나님은 영광 그 본체이기 때문이다. 하나님의 영광은 인간의 말로 표현 할 수 없는 위엄, 권능, 현현(요14:8, 행9:3이하, 계1:12이하), 임재(성막)의 계시를 통해, 인간이 가까이 하지 못할 영광스러움의 계시를 보이셨다. 그렇기 때문에 거룩하신 하나님만이 영광의 예배를 받으실 만하며 그 이름으로 인해 영광을 받으시기에 합당하다. 〈독사〉의 두 번째 의미는 사람의 '평판'이다. 즉 사람의 평판에 의해 나타나는 영광이다. 인간은 하나님의 영광스러운 계시를 바라보는 순간 두려움과 위엄 그 영광스러움 앞에 고개를 들지 못한다. 그러므로 하나님은 인간의 평판으로부터 영광을 받으시기에 충분하다.

반면에 사람에게 '영광'이란 〈독사〉의 말보다 〈티메〉란 존귀의 말이 합당하다. 〈티메〉는 하나님과 사람들에게 존귀함을 받음을 말할 수 있다.

② 하나님께 영광을 돌리는 삶이란 어떤 것인가?

사람이 세상에 태어났다는 것은 하나님의 창조한 시간과 공간 안에 존재하고 있음을 말한다. 하나님이 창조한 모든 것에는 생명이 주어져 있고, 또 각각의 존재 목적이 주어져 있다. 창조물에게 주어진 모든 생명을 하나님이 다시 거두어 가면 모든 것은 한 줌의 흙으로 돌아간다(창3:19). 인간도 예외는 아니다. 그런데 하나님은 다른 만물과 달리 인간에게만 독특한 생명으로 창조했다. 자신의 형상에 따라 사람을 만들고 그 만든 사람에게 자신의 생기를 불어넣어 살아있는 사람이 되게 하셨다(창1:27, 2:7). 그리고 그 생명은 죽음의 흙으로 돌아가는 것으로 생을 마무리 되는 것이 아니라, 그 독특한 생명의 삶을 살다가 다시 생명 주신 하나님께 돌아가야 한다는 것이다. 여기에 나에게 생명주신 하나님의 선하신 목적이 있고, 동시에 나의 삶의 목적이 있는 것이다. 따라서 나의 생명은 하나님 앞에 돌아갈 수 있는 구원의 티켓이 필요하고, 구원받은 자, 즉 성도의 삶을 통해 하나님께 영광을 돌려 드려야 하는 것이다.

이제 나의 삶의 목적이 분명해졌다. 첫째, 하나님을 온전히 믿는 믿음을 통해 하나님께 영광을 돌리는 삶이다. 둘째, 창조 전부터 가지고 계시는 하나님의 무한하고 완전한 성품, 즉 그의 위엄(한글 성경은 영광으로 번역, 롬1:23)과 그의 완전하심과 의로우심(롬3:23)을 성도 자신의 인격체인 지, 정, 의를 통하여 세상에 반사하는 삶이다.

가령, 성도가 세상에서 하나님의 생명(구원), 사랑, 의로움, 거룩한 삶으로 나타날 때 하나님께 영광을 돌리는 것이다.

웨스트민스터 신앙고백 소요리 문답 1번은 "사람의 제일 되는 목적이 무엇인가?"로 질문한다. 답은 "사람의 제일 되는 목적은 하나님을 영화롭게 하며, 그를 영원토록 즐거워하는 것"이다.

이사야 43:21에 "이 백성은 내가 나를 위해 지었나니 나를 찬송하게 하려 함이니라"

그렇다.

나의 존재 목적은 하나님의 찬송, 하나님의 나팔수가 되게 하는 데 있다. 시편 22:3에 "이스라엘의 찬송 중에 계시는 주여 주는 거룩(성품)하시니이다."라고 했다. 이를 통해 하나님께 영광을 돌리는 것이다.

3) 왜 하나님께 영광을 돌려야 하는가?

성도가 하나님께만 영광을 돌려야 하는 이유를 살펴보자.

① 구원자이신 예수

요1:14을 읽고 묵상하라.

"말씀이 육신이 되어 우리 가운데 거하시매 우리가 그의 영광을 보니 아버지의 독생자의 영광이요. 은혜와 진리가 충만하더라"(요3:16을 병행하여 묵상하라).

본문에서 성도가 영광을 돌려야 할 분은 누구인가?

———————————————————————————

———————————————————————————

무엇 때문에 예수 그리스도가 영광의 자리에 설 수 있는지 그 이유를 본문에서 찾아 적어보라.

———————————————————————————

———————————————————————————

본문 가운데 말씀이 육신이 되심, 독생자, 은혜와 진리란 말을 이해할 수 있는가?

———————————————————————————

———————————————————————————

요3:16을 읽고 묵상하라.

"하나님이 세상을 이처럼 사랑하사 독생자를 주셨으니 이는 그를 믿는 자마다 멸망하지 않고 영생을 얻게 하려 하심이라”

예수님이 이 땅에 오신 궁극적인 목적은 심판인가? 구원인가?

———————————————————————————

———————————————————————————

〈주석〉

우리는 그리스도를 봄으로 하나님 아버지를 본다(요14:9). 그러나 우리가 가까이 하지 못할 영광 빛은 예수님의 육신으로 휘장과 같이 가리워 주신다(히10:20). 딤전6:16에 말하기를 “오직 그에게만 죽지 아니함이 있고, 가까이 가지 못할 빛에 거하시고 어떤 사람도 보지 못하였고 또 볼 수 없는 이시니 그에게 존귀와 영원한 권능을 돌릴지어다” 라고 했다.

영광: 변화산에서 3제자(베드로, 야고보, 요한)가 본 영광을 말하는 경우도 있으나 예수의 전생애가 영광스럽다.

말씀이 육신이 되어: ‘말씀이 사람이 되어’ 가 아니다. 그는 말씀으로 성부와 함께 계속하여 계시면서 육신을 덧입은 것이다.

독생자: 맏아들(롬8:29, 골1:15, 18)과 대응되는 말이며, 그리스도의 중보적 양면성을 볼 수 있다. 하나님과 동질인 동시에(눅7:12, 9:38, 히11:7) 하나님의 많은 자녀 중(요1:12) 특수한 아들을 뜻한다(요20:17).

은혜와 진리: 성육신 하신 로고스(말씀)의 본질을 말한다. 그리스도 자신이 신구약을 통틀어 은혜와 진리이다.

② 창조주이신 하나님

롬11:36을 읽고 묵상하라.

"만물이 주에게서 나오고 주로 말미암고 주에게로 돌아감이라 그에게 영광이 세세에 있을지어다"

본문에서 왜 인간은 하나님께만 영광을 돌려야 하는지 두 가지 말로 표현해 보라. 가령, 시작과 끝의 의미다.

____

____

③ 종국적인 구원과 영광 그리고 능력의 주

계19:1을 읽고 묵상하라.

"이 일 후에 내가 들으니 하늘에 허다한 무리의 큰 음성 같은 것이 있어 이르되 할렐루야 구원과 영광과 능력이 우리 하나님께 있도다"

본문에서 성도의 삶과 죽음 그리고 궁극적인 구원의 키는 누구에게 있다고 말하는가?

____

본문에서 하나님께만 영원히 영광을 돌려야 할 구체적인 이유는 무엇이라 말하는가?

____

____

④ 예정의 감사

시139:13-17을 읽고 묵상하라.

"주께서 내 내장을 지으시며 나의 모태에서 나를 만드셨나이다 내가 주께 감사하옴은 나를 지으심이 심히 기묘하심이라 주께서 하시는 일이 기이함을 내 영혼이 잘 아나이다 내가 은밀한 데서 지음을 받고 땅의 깊은 곳에서 기이하게 지음을 받은 때에 나의 형체가 주의 앞에 숨겨지지 못하였나이다 내 형질이 이루어지기 전에 주의 눈이 보셨으며 나를 위하여 정한 날이 하루도 되기 전에 주의 책에 다 기록이 되었나이다 하나님이여 주의 생각이 내게 어찌 그리 보배로우신지요 그 수가 어찌 그리 많은지요"

본문에서 성도가 하나님께 영광을 돌려야 하는 근원적인 이유는 무엇인가?

____

____

⑤ 대속

고전6:20을 읽고 묵상하라.

"값으로 산 것이 되었으니 그런즉 너희 몸으로 하나님께 영광을 돌리라"

왜 성도가 하나님께 영광을 돌려야 하는가?

____

____

⑥ 새 생명 주심

벧후1:3을 읽고 묵상하라.

"그의 신기한 능력으로 생명과 경건에 속한 모든 것을 우리에게 주셨으니 이는 자기의 영광과 덕으로써 우리를 부르신 이를 앎으로 말미암음이라"

본문에서 성도가 하나님을 통해 무엇을 얻었기에 하나님의 영광을 위한 삶을 살아야 한다고 말하는가?

———————————————————————————

———————————————————————————

⑦ 부활의 영광

고후4:14-15을 읽고 묵상하라.

"주 예수를 다시 살리신 이가 예수와 함께 우리도 다시 살리사 너희와 함께 그 앞에 서게 하실 줄을 아노라 이는 모든 것이 너희를 위함이니 많은 사람의 감사로 말미암아 은혜가 더하여 넘쳐서 하나님께 영광을 돌리게 하려 함이라"

본문에서 왜 성도가 하나님께만 영광을 돌려야 하는가?

이제 당신은 하나님이 영광을 받으실 분으로 확신할 수 있는가?

———————————————————————————

———————————————————————————

4) 언제, 어디서 하나님께 영광을 돌려야 하는가?

고전10:31을 읽고 묵상하라.

"너희가 먹든지 마시든지 무엇을 하든지 다 하나님의 영광을 위하여 하라"

본문에서 성도가 하나님께 영광을 돌리는 때와 장소는?

____

____

5) 어떻게 하나님께 영광을 돌릴 수 있을까?

하나님께 영광을 돌리는 삶은 그리스도를 믿음으로 성품의 변화를 받아 새로운 삶을 반사하며 살아가는 것이다.

① 새 사람

엡4:24을 읽고 묵상하라.

"하나님을 따라 의와 진리의 거룩함으로 지으심을 받은 새 사람을 입으라"

본문에서 성도가 하나님께 영광을 돌리기 위하여 어떤 존재로 거듭나야 하는가?

____

② 사랑

요일4:9을 읽고 묵상하라.

"하나님의 사랑이 우리에게 이렇게 나타난 바 되었으니 하나님이 자기의 독생자를 세상에 보내심은 그로 말미암아 우리를 살리려 하심이라"

본문에서 하나님이 성도를 살리기 위하여 보여주신 구체적인 성품은 어떤 것인가?

____

요13:34을 읽고 묵상하라.

"새 계명을 너희에게 주노니 서로 사랑하라. 내가 너희를 사랑한 것 같이 너희도 서로 사랑하라. 너희가 서로 사랑하면 이로써 모든 사람이 너희가 내 제자인 줄 알리라"

본문에서 성도가 하나님께 영광을 돌리기 위하여 삶 가운데 반사해야 할 하나님의 성품이 무엇인가?

____

____

③ 성장

벧후3:18을 읽고 묵상하라.

"오직 우리 주 곧 구주 예수 그리스도의 은혜와 그를 아는 지식에서 자라 가라. 영광이 이제와 영원한 날까지 그에게 있을지어다"

본문에서 성도가 그리스도의 성품으로 자라가기 위해서는 무엇을 깨닫고 배워야 하는가?

____

____

④ 도구

롬6:13을 읽고 묵상하라.

"또한 너희 지체를 불의의 무기로 죄에게 내주지 말고 오직 너희 자신을 죽은 자 가운데서 다시 살아난 자같이 하나님께 드리며 너희 지체를 의의 무기로 하나님께 드리라"

본문에서 성도가 하나님께 영광을 돌리기 위하여 어떤 무기의 삶을 살아야 하는가?

____

____

⑤ 열매

요15:8을 읽고 묵상하라.

"너희가 열매를 많이 맺으면 내 아버지께서 영광을 받으실 것이요 너희는 내 제자가 되리라"

본문에서 성도가 하나님께 영광을 반사하는 삶은 어떤 삶이어야 하는가?

____

나는 성도로서 나의 삶 가운데 어떤 구체적인 성령의 열매를 맺고 살아가고 있는가?

____

____

성령의 9가지 열매: 사랑, 희락, 화평, 오래 참음, 자비, 양선, 충성, 온유, 절제(갈5:22-23)

⑥ 봉사

고전4:10을 읽고 묵상하라.

"각각 은사를 받은 대로 하나님의 여러 가지 은혜를 맡은 선한 청지기 같이 서로 봉사하라"

본문에서 성도가 하나님께 영광을 돌리기 위해서는 어떤 신앙생활을 하여야 하는가?

____

____

당신은 성도로서 교회나 세상에서 구체적으로 어떤 봉사를 하고 있는가? 한 사람씩 고백해 보자.

____

____

⑦ 본

딤전4:12을 읽고 묵상하라.

"누구든지 네 연소함을 업신여기지 못하게 하고 오직 말과 행실과 사랑과 믿음과 정절에 있어서 믿는 자에게 본이 되어"

본문에서 성도가 하나님의 영광을 반사하기 위하여 어떤 삶을 살아야 하는가?

____

____

당신이 성도라면 구체적으로 어떤 본을 가정, 교회, 세상에서 보이고 있는가? 구체적인 실례를 한 사람씩 나누어 보자.

____

____

⑧ 완전한 자

골1:28을 읽고 묵상하라.

"우리가 그를 전파하여 각 사람을 권하고 모든 지혜로 각 사람을 가르침은 각 사람을 그리스도 안에서 완전한 자로 세우려 함이니"

본문에서 하나님의 영광을 반사하는 삶이 무엇인가?

____

____

당신은 하나님께 어떤 영광을 돌리고 있는가? ①-⑧번의 항목에서 찾아서 함께 나누어보자.

그리스도의 성품에 대한 반사를 요약 정리해 보자.

____

____

3. 하나님께 영광을 돌리는 삶을 위한 영적 의식

성도가 하나님께 영광의 삶을 지속하기 위해서는 영적 능력을 공급받는 영적 의식이 필요하다.

1) 하나님 중심 의식

죄가 있기 전에 하나님의 형상으로 창조된 인간은 무엇을 하든지 철저한 하나님 중심 의식으로 살아갔다. 나의 모든 삶을 자기중심에서 나와 하나님 중심으로 걸어가라.

예: 교회의 봉사, 가정, 세상, 삶(일, 공부, 결혼, 오락 등)

창1:31을 읽고 묵상하라.

"하나님이 지으신 그 모든 것을 보시니 보시기에 심히 좋았더라"

본문에서 성도가 어떻게 사는 것이 하나님 중심의 삶이 되는가?

____

____

2) 죄에 대한 적대 의식

인간이 하나님 중심 의식에서 자기중심 의식으로 변질을 가져온 것은 바로 인간이 하나님과 같이 되고자 하는 교만, 욕심, 명예, 지혜의 탐욕 때문이다. 이런 것이 유혹의 사탄과 결탁하므로 하나님 중심에서 떠나 죄를 짓게 되었다. 따라서 하나님 영광을 위한 지속적인 삶을 추구하기 위해서는 죄를 적대하고 유혹에서 이겨야 한다.

롬3:23을 읽고 묵상하라.

"모든 사람이 죄를 범하였으매 하나님의 영광에 이르지 못하더니"

본문에서 하나님 영광의 삶을 가로막고 있는 것은 무엇인가?

____

____

당신의 삶 가운데서 죄를 적대하는 방법이 무엇이라고 생각하는가? 유혹과 죄의 관계를 생각하라.

____

____

마4:1-10을 읽고 묵상하라.

본문에서 예수님을 유혹한 시험의 내용은 무엇이며, 그 유혹을 무엇으로 물리쳤는가?

____

3) 성령님 의지 의식

하나님 중심의 삶, 죄의 유혹에서 승리하여 하나님께 영광을 돌리기 위해서는 숨쉬는 순간마다 성령님의 도움을 요청해야 한다.

롬8:2을 읽고 묵상하라.

"이는 그리스도 예수 안에 있는 생명의 성령의 법이 죄와 사망의 법에서 너를 해방 하였음이라"

본문에서 죄와 죄의 유혹에서 승리하기 위해서는 무엇을 의지해야 하는가?

———————————————————————

———————————————————————

롬8:14을 읽고 묵상하라.

"무릇 하나님의 영으로 인도함을 받는 사람은 곧 하나님의 아들이라."

본문에서 성도가 하나님의 아들임을 증거할 수 있는 근원적인 힘은 무엇인가?

———————————————————————

———————————————————————

4) 승리 의식

나의 삶이 하나님의 목적을 이루어가는 삶이면 하나님께 영광이 되고, 동시에 나의 삶의 승리가 된다.

Win Win의 전략이다. 하나님은 자신의 영광을 위하여 살아가는 성도와 반드시 함께 하시며 승리하도록 도우신다.

사41:10을 읽고 묵상하라.

"두려워하지 말라 내가 너와 함께 함이라 놀라지 말라 나는 네 하나님이 됨이라 내가 너를 굳세게 하리라 참으로 너를 도와 주리라 참으로 나의 의로운 오른손으로 너를 붙들리라"

본문에서 성도가 승리할 수 있도록 보증하신 말씀은 무엇인가?

사42:6을 읽고 묵상하라.

"나 여호와가 의로 너를 불렀은즉 내가 네 손을 잡아 너를 보호하며 너를 세워 백성의 언약과 이방의 빛이 되게 하리니"

본문에서 하나님이 성도에게 승리의 삶의 보증으로 하신 말씀을 찾아보라.

본문을 통해 하나님이 성도를 도구로 부르시고 보증하신 궁극적인 목적은 무엇인가?

4. 진단과 말씀의 관계성

지금까지 나의 삶을 진단해 볼 때, 하나님의 영광을 이루어드리는 삶보다는 나 자신의 영광을 추구하여 왔음을 깨닫게 되었다. 내 삶의 모습을 하나님의 말씀에 비추어 볼 때, 내가 하는 모든 것들을 통하여 하나님께 영광을 반사하여 영광을 돌리고, 그 영광에 따른 은혜를 받아야 하는 삶임을 깨닫게 되었다.

이제 나의 삶의 목표를 바라보는 눈과 사고 그리고 행동이 어떻게 달라질 수 있는가?

____

____

5. 변화

나의 삶의 목적이 하나님의 영광을 이루어 드리는 것임을 깨닫게 되었다면, 구체적인 생각이나 입술의 고백에만 머물러 있는 차원을 넘어 나의 삶 속에 어떤 계획과 변화를 기대할 수 있어야 한다.

당신은 하나님의 영광을 위한 구체적인 어떤 변화를 삶의 자리에서 다짐할 수 있는가? 예: 가정, 교회, 직장, 세상(일, 봉사, 생명, 사랑, 거룩, 의로움)의 관점에서

____

6. 성도입니까?

본과를 통하여 나의 삶의 목적이 성공이 아니라 하나님의 목적을 이루어 드리는 삶임을 깨닫게 되었다. 하나님의 목적을 이루어 드리는 삶이 곧 하나님께 영광을 돌리는 삶이며, 이것이 곧 나의 승리임을 확신할 수 있는가?

____

____

이제 나는 성도로서 하나님의 영광을 위한 삶을 살기 위해 다음 사항을 결단한다.

(1) 나의 삶의 목적을 오직 하나님의 영광에 두기로 다짐한다.

———————————————————————————

(2) 나의 삶의 모든 영역에서 사랑, 생명, 거룩함, 의로움의 삶이 반사 되도록 다짐한다.

———————————————————————————

(3) 하나님께 영광을 돌리기 위해 하나님 중심 의식, 죄에 대한 적대 의식, 성령님을 의지하려는 의식으로 살면, 반드시 그리스도 안에서 승리하는 삶이 될 줄 믿는다.

———————————————————————————

찬송: 67장 "영광의 왕께 다 경배하며"

그 크신 사랑 늘 찬송하라. 영원히 방패요 또 산성이신, 그 영광의 주를 다 찬송하라.

기도

영광의 주님!

나의 삶의 목적을 깨닫게 해 주심을 감사합니다. 주님께 영광이 곧 나의 승리임을 이제 알게 되었사오니, 나의 삶의 전부를 통하여 홀로 영광 받으시옵소서.

혹시나 죄에 빠져 주님께 영광을 가리는 방해꾼이 없도록, 죄에 대한 적대 의식을 가지고, 사탄과 마귀의 유혹에서 승리할 수 있도록 성령님 도와주십시오. 그리고 언제나 하나님 중심의 삶이 곧 나의 중심의 삶이 되게 하시고, 하나님의 영광이 나의 승리의 삶으로 이어지게 하여 주시옵소서. 예수님의 이름으로 기도드립니다. 아멘

옆 자리 형제자매의 손을 잡고 하나님의 영광을 위해 살 수 있도록 서로 중보 기도하자.
영광의 하나님께 감사의 박수를 보냅시다.

해답 및 해설

2. 말씀

1) 다양한 삶의 목적들
- 대상29:12: 주께로부터
- 계5:12: 죽음을 당하신 어린 양이 예수
- 전2:1-11: 솔로몬의 삶의 목적: 나의 사업을 크게 하는 것(4절), 솔로몬의 탄식: 내가 수고한 모든 것이 헛됨(11절)
- 전12:9-14: 하나님을 경외하고 그의 명령을 지킬지어다(13절)
- 행9:1-2: 율법준수(주의 제자들을 죽이는 것에 몰두함)

2) 하나님의 영광을 위한 삶
- 고전10:31, 빌1:20: 율법준수에서 하나님께 영광 돌림
- 잠30:7-9: 두 가지 소원: 헛된 것과 거짓말을 멀리하고, 필요할 양 식 소원
- 삶의 목적: 하나님 경외

3) 하나님께 영광을 돌려야 한다.
- 요1:14: 아버지의 독생자 예수
- 3문단의 답: 말씀이 육신이 되신 하나님, 독생자이신 예수, 은혜 와 진리이신 하나님
- 요3:16: 구원
- 롬11:36: 만물의 시작과 끝(주께로 돌아감), 따라서 모든 피조물 은 만물의 주관자에게 영광
- 계19:1: 우리 하나님께
- 시139:13-17: 나를 예정하사 만드심
- 고전6:20: 값(예수님의 대속)으로 산 존재
- 벧후1:3: 새 생명

- 고후4:14-15: 부활의 참여
- 고전10:31: 숨이 있는 동안 그리고 내가 머물러 있는 곳

5) 어떻게 영광을 돌려야 하는가?
- 엡4:24: 의, 진리, 거룩함
- 요일4:9: 사랑(예수님 보내심)
- 요13:34: 서로 사랑하는 것
- 벧후 3:18: 예수 그리스도의 은혜와 지식
- 롬6:13: 의의 무기
- 요15:8: 열매 맺는 제자의 삶
- 고전4:10: 선한 청지기
- 딤전4:12: 본의 삶
- 골1:28: 그리스도 안에서 완전한 자

3. 하나님께 영광을 돌리는 삶을 위한 영적 의식
- 창1:31: 하나님이 기뻐하는 삶
- 롬3:23: 죄
- 마4:1-10: 떡, 영웅심, 명예심. 말씀으로
- 롬8:2: 생명의 성령의 법
- 롬8:14: 하나님의 영으로 인도받음
- 사41:10: 하나님이 함께 하심
- 사42:6: 부르심, 보호, 언약을 세우심

제 5 권 새 힘을
공급받는 성도입니까?

사색의 강가에서

세계 2차 대전 때에 프랑스가 독일 나치스 군대에게 패해 버리자, 영국에서 도와주려고 건너갔던 29만 대군이 자기들만으로는 불가능한지라, 영국으로 되돌아가기 위해서 도버해협으로 도망하기에 이르렀습니다. 히틀러는 베를린에서 도망하는 영국 군인들을 전멸시켜 버릴 것을 명령하고는 태연히 있었습니다. 그 때에 영국 왕 조지 6세는 온 영국에 '어떻게 하든지 영국 군대를 건져달라고 하나님께 기도하자' 고 '기도의 날' 을 선포하여 전 국민이 그 날 기도를 했습니다.

기도 후 이상한 기적이 일어났습니다. 그날 독일군 편에는 큰 폭풍우가 일어나서 비행기 한 대도 뜰 수가 없었고 너무 비가 많이 와서 탱크 한 대도 움직일 수가 없었습니다. 그러나 영국군이 있는 도버해협은 어찌나 잔잔하고 고요한지 거울같이 맑아서 수많은 배가 29만의 영국 군대를 무사히 영국까지 옮길 수 있었습니다. 그 이후에 영국 군대를 비롯해서 온 영국 국민이 하나님 앞에 감사의 기도를 드림으로 큰 힘을 얻게 되었습니다.

"피곤한 자에게는 능력을 주시며, 무능한 자에게는 힘을 더 하시나니 소년이라도 피곤하며 곤비하며 장정이라도 넘어지며 쓰러지되 오직 여호와를 앙망하는 자는 새 힘을 얻으리니 독수리 날개 치며 올라감 같을 것이요 달음박질하여도 곤비하지 아니하겠고 걸어가도 피곤하지 아니하리로다." (사40:29-31)

새 힘을 공급 받는 성도입니까?

　구원함을 받은 성도가 하나님께 영광을 돌리는 승리의 삶을 살아가기 위해서는 하나님이 공급하시는 새 힘을 받아야 한다.

　성도의 삶의 원동력은 사람을 목적의 존재로 만드신 하나님(God)에게서 비롯된다.

＊선행학습

원동력(原動力): 사물을 활동시키는 근원이 되는 힘(motive power)

1. 진단

1) 당신은 신앙생활이 영육 간에 무척이나 힘들고 피곤한가?

____

____

2) 무엇이 나의 신앙의 삶을 무기력하게 만들고 있는지 생각

해 본 적이 있는가?

예:

나의 삶의 원동력의 방해 되는 요소들

• 내면의 적들

불신(나 중심)

죄의식

원한과 분노

두려움

한계성(좌절 및 낙심)

자신감 상실

율법적인 생활

종교인

삶의 의미 상실 등

• 외면의 적들

타인의 의식(형식, 체면, 위축, 인정, 비교문화 등)

물질

환경 등

나의 신앙생활을 피곤과 무기력으로 이끌고 있는 내면적인 요인 및 외적인 요인이 무엇인지에 대하여 위의 목록을 참고하여 함께 나누어 보자.

---

2. 말씀

성경 말씀은 성도가 승리의 삶을 살기 위한 힘의 원천이 무엇이며, 또 삶을 방해하는 내외면적인 적들이 무엇인지에 대하여 말씀하고 있다.

1) 삶의 원동력을 방해하는 것들

성도의 삶의 원동력을 방해하는 것은 내면적인 적과 외면적인 적이 있다.

① 내면의 적

삶의 원동력인 하나님을 마음속에 거하지 못하게 하는 내면의 적은 어떤 것들이 있는가?

ⓐ 죄

시32:1을 읽고 묵상하라.

"허물의 사함을 받고 자신의 죄가 가려진 자는 복이 있도다"

하나님은 복의 근원이다. 하나님으로부터 복을 받지 못하도록 방해하는 것이 있다. 본문에서 찾아 말해 보자.

____

____

ⓑ 분노와 시기

욥5:2을 읽고 묵상하자.

"분노가 미련한 자를 죽이고, 시기가 어리석은 자를 멸하느니라"

본문에서 내면의 적이 무엇인가?

____

____

ⓒ 두려움

요일4:18을 읽고 묵상하라.

"사랑 안에 두려움이 없고 온전한 사랑이 두려움을 내쫓나니 두려움에는 형벌이 있음이라"

본문에서 내면의 적이 무엇인가?

____

____

ⓓ 단절

요15:5을 읽고 묵상하라.

"나는 포도나무요 너희는 가지라 그가 내 안에, 내가 그 안에 거하면 사람이 열매를 많이 맺나니, 나를 떠나서는 너희가 아무 것도 할 수 없음이라"

본문은 포도나무와 가지의 비유다. 예수님은 포도나무이고 성도는 가지다. 성도는 하나님과 어떤 관계를 유지해야 삶의 원동력을 얻을 수 있는가?

____

또 삶의 원동력을 방해하는 내면의 적은 예수님과 어떤 관계성을 말하고 있는가?

____

____

ⓔ 세상

마6:24을 읽고 묵상하라.

"한 사람이 두 주인을 섬기지 못할 것이니, 혹 이를 미워하고 저를 사랑하거나 혹 이를 중히 여기고 저를 경히 여김이라"

본문에서 하나님과 세상(물질, 권력, 명예, 쾌락, 유전, 학문, 우상의 종교 등) 가운데 어느 것을 섬기는 것이 내면의 적인가?

____

____

② 외적인 적

삶의 원동력인 하나님을 마음속에 거하지 못하게 하는 외적인 적은 어떤 것들이 있는가?

ⓐ 존재

성도가 자신의 존재를 분명히 인식하지 못할 때 하나님의 능력을 과소평가하게 되는 외적인 죄의 자리에 서게 되는 경우가 있다.

사43:1-4을 읽고 묵상하라.

"네게 내 눈에 보배롭고 존귀하며, 내가 너를 사랑하였은즉"

본문은 하나님이 인간을 어떤 존재로 창조했다고 하는가?

____

____

마16:26을 읽고 묵상하라.

"사람이 만일 온 천하를 얻고도 제 목숨을 잃으면 무엇이 유익하리요. 사람이 무엇을 주고 제 목숨을 바꾸겠느냐?"

본문에서 예수님은 나의 존재 가치를 무엇과 바꿀 수 없다고 말씀하셨는가?

____

____

누가 나의 존재 가치를 인정했는가?

____

____

만약 성도가 자신을 다른 사람과 비교하며 또 열등감 속에서 살아간다면 삶의 원동력인 하나님의 역사를 경험할 수 없다. 이것이 외적인 존재에 대한 죄가 된다. 다시 한 번 질문한다. 당신은 자신의 존재 가치를 어떻게 생각하고 있는가?

____

____

당신은 삶의 현실에서 부딪쳐 오는 외모, 학벌, 가정, 직업, 자녀, 물질, 가문 등과 관련하여 비교나 열등감에 빠질 경우가 수없이 많다. 그때 어떻게 극복하겠는가? 서로 나누어 보자.

ⓑ 물질

성도에게 물질은 참으로 귀한 것이지만, 이 물질에 대한 성경적인 이해의 결여로 인해 하나님께 죄를 범하는 경우가 있다.

대상29:12을 읽고 묵상하라.

"부와 귀가 주께로 말미암고 또 주는 만유의 주재가 되사 손에 권세와 능력이 있사오니 모든 사람을 크게 하심과 강하게 하심이 주의 손에 있나이다"

부와 귀가 어디로부터 오는가?

계5:12을 읽고 묵상하라.

"큰 음성으로 이르되 죽임을 당하신 어린 양은 능력과 부와 지혜와 힘과 존귀와 영광과 찬송을 받으시기에 합당하도다 하더라."

본문에서 어린 양이신 예수님이 어떤 분인지에 대한 이해가 분명해 졌는가? 특히 예수님께 부가 있다는 말씀에 주목할 필요가 있다.

____

____

삼상2:7을 읽고 묵상하라.

"여호와는 가난하게도 하시고 부하게도 하시며 낮추기도 하시며, 높이기도 하시는도다"

본문에서 가장 넉넉한 부를 소유한 사람은 어떤 성도인가?

____

____

마6:11을 읽고 묵상하라.

"오늘 우리에게 일용할 양식을 주시옵고"

본문에서 주님은 제자들에게 부의 소유에 대하여 어떤 가르침으로 말씀하셨는가?

____

____

잠30:8을 읽고 묵상하라.

"나를 가난하게도 마옵시고 부하게도 마옵시고 오직 필요한 양식으로 나를 먹이시옵소서"

본문에서 아굴의 기도와 위의 예수님이 제자들에게 일용할 양식에 대해 가르치신 말씀에 대하여 행복이 물질에 있다고 생각하는가?

빌4:11-12을 읽고 묵상하라.

"내가 궁핍함으로 말하는 것이 아니니라 어떠한 형편에든지 나는 자족하기를 배웠노니"

본문에서 바울은 자신의 부귀와 가난의 교차된 삶을 통해 행복의 기준을 무엇으로 고백하고 있는가?

ⓒ 배움

성도가 배움에 대한 열등감 때문에 자신을 비관하며 죄를 짓는 경우가 종종 있다.

잠9:10을 읽고 묵상하라.

"여호와를 경외하는 것이 지혜의 근본이요"

본문에서 지혜의 근본이 누구이며 지혜는 어디서 온다고 하였나?

약1:5을 읽고 묵상하라.

"너희 중에 누구든지 지혜가 부족 하거 든, 모든 사람에게 후히 주시고 꾸짖지 아니하시는 하나님께 구하라 그리하면 주시리라"

본문에서 지혜를 얻는 방법은 무엇인가?

고전1:27을 읽고 묵상하라.

"하나님께서 세상의 미련한 것들을 택하사 지혜 있는 자들을 부끄럽게 하려 하시고 세상의 약한 것들을 택하사 강한 것들을 부끄럽게 하려 하시며"

본문은 하나님께서 도구를 사용하는 방법이다. 본문에서 하나님이 세상의 약한 자, 미련한 자를 택하여 강하고 지혜로운 자를 부끄럽게 하시는 방법을 깨닫게 되었다면, 당신은 약함과 부족한 지혜와 배움의 열등감을 어떻게 극복할 수 있는가?

시92:13-14을 묵상하고 답해보라.

ⓓ 환경

성도가 주어진 환경을 믿음으로 극복하지 못하고 좌절하거나 절망감에 빠질 때 죄를 범할 수 있다.

말

출4:10-12을 읽고 묵상하라.

"모세가 여호와께 아뢰되 오 주여 나는 본래 말을 잘 하지 못하는 자니이다 주께서 주의 종에게 명령하신 후에도 역시 그러하니 나는 입이 **뻣뻣**하고 혀가 둔한 자니이다 여호와께서 그에게 이르시되 누가 사람의 입을 지었느냐 누가 말 못 하는 자나 못 듣는 자나 눈 밝은 자나 맹인이 되게 하였느냐 나 여호와가 아니냐 이제 가라 내가 네 입과 함께 있어서 할 말을 가르치리라"

본문에서 모세의 약점이 무엇인가?

____

____

하나님은 입이 **뻣뻣**한 모세를 어떻게 그 약점을 보완하여 사용하였는가?

____

____

외모

고후10:10을 읽고 묵상하라.

"그들의 말이 그의 편지들은 무게가 있고 힘이 있으나, 그가 몸으로 대할 때는 약하고 그말도 시원하지 않다 하니"

본문에서 바울의 외모는 어떠한가?

____

____

고후10:7을 읽고 묵상하라.

"너희는 외모만 보는도다 만일 사람이 자기가 그리스도에게 속한 줄을 믿을진대 자기가 그리스도에게 속한 것 같이 우리도 그러한 줄을 자기 속으로 다시 생각할 것이라"

본문에서 하나님과 사람이 외모를 보는 관점의 차이는 무엇인가?

____

____

하나님은 외모보다 무엇을 더 중히 여기시는가?

삼상16:7을 읽고 답하라.

____

____

두려움

마14:29-30을 읽고 묵상하라.

"베드로가 배에서 내려 물 위로 걸어서 예수께로 가되 바람을 보고 무서워 빠져 가는 지라. 소리 질러 이르되 주여 나를 구원 하소서 하니 예수께서 즉시 손을 내밀어 그를 붙잡으시며 이르시되 믿음이 작은 자여 왜 의심하였느냐 하시고"

본문에서 베드로는 왜 바다에 빠져 들어가게 되었는가?

____

____

요일4:18을 읽고 묵상하라.

"사랑 안에 두려움이 없고 온전한 사랑이 두려움을 내쫓나니 두려움에는 형벌이 있음이라. 두려워하는 자는 사랑 안에서 온전히 이루지 못하였느니라"

성도가 온전한 사랑이 없을 때 어떤 심리적인 현상에 끌리는가?

____

____

성도의 삶은 환경과 믿음에서 무엇을 먼저 생각해야 하는가?

____

____

예수님은 나의 삶의 환경을 변화시킬 수 있는 분임을 믿는가?

____

____

2) 삶의 원동력은 삼위일체 하나님

성도의 삶에 원동력을 공급하시는 분은 하나님이시다.

① 성부 하나님

성부 하나님은 온 우주를 창조하신 전능하신 창조주이시다.

창17:1 읽고 묵상하라.

"아브람이 구십구세 때에 여호와께서 아브람에게 나타나서 그에게 이르시되 나는 전능한 하나님이라 너는 내 앞에서 행하여 완전하라"

본문에서 아브라함에게 나타난 하나님은 어떤 분이신가?

____

____

하나님으로부터 삶의 원동력인 힘을 공급받기 위해서는 어떤 삶을 살아야 할까? 본문에서 그 답을 찾아보라.

____

____

〈주석〉

아브라함이 75세 때 소명 받고, 무려 24년이 지난 후에 언약을 체결하였는데, 그 증표가 할례를 행한 것이다.

대상 28:9을 읽고 묵상하라.

"내 아들 솔로몬아 너는 네 아버지의 하나님을 알고 온전한 마음과 기쁜 뜻으로 섬길지어다. 여호와께서는 모든 마음을 감찰하사 모든 의도를 아시나니 네가 만일 그를 찾으면 만날 것이요 만일 네가 그를 버리면 그가 너를 영원히 버리시리라"

본문에서 하나님은 솔로몬에게 어떤 언약을 하고 계시는가?

____

____

사40:31을 읽고 묵상하라.

"오직 여호와를 앙망하는 자는 새 힘을 얻으리니 독수리가 날개치며 올라감 같을 것이요 달음박질하여도 곤비하지 아니하겠고 걸어가도 피곤하지 아니하리로다"

본문에서 하나님을 앙망할 때, 어떤 힘을 공급 받을 수 있는가?

____

____

② 성자 예수 그리스도

예수 그리스도는 인간을 구원하기 위하여 인간의 몸을 입고 이 땅에 오신 구원의 하나님이신 동시에 힘, 존귀, 능력, 지혜가 충만하신 분이다.

ⓐ 예수 이름

마1:21을 읽고 묵상하라.

"아들을 낳으리니 이름을 예수라 하라. 이는 그가 자기 백성을 그들의 죄에서 구원할 자이심이라 하니라"

본문에서 예수님의 이름의 뜻이 무엇이며, 예수님을 믿게 될 때 무엇을 얻을 수 있는가?

____

____

요20:31을 읽고 묵상하라.

"오직 이것을 기록함은 너희로 예수께서 하나님의 아들 그리스도이심을 믿게 하려 함이요 또 너희로 믿고 그 이름을 힘입어 생명을 얻게 하려 함이니라"

본문에서 예수 이름을 힘입으면 무엇이 주어지는가?

____

____

ⓑ 죄 사함

눅24:47을 읽고 묵상하라.

"또 그의 이름으로 죄 사함을 받게 하는 회개가 예루살렘에서 시작하여 모든 족속에게 전파될 것이 기록되었으니"

본문에서 예수 이름을 믿고 회개 할 때, 어떤 영적 체험을 하게 되는가?

____

____

ⓒ 능력

막9:39을 읽고 묵상하라.

"예수께서 이르시되 금하지 말라 내 이름을 의탁하여 능한 일을 행하고 즉시로 나를 비방할 자가 없느니라"

본문에서 예수의 이름을 의탁할 때 어떤 일을 할 수 있는가?

____

____

골3:17 읽고 묵상하라.

"또 무엇을 하든지 말에나 일에나 다 주 예수의 이름으로 하고 그를 힘입어 하나님 아버지께 감사하라"

본문에서 성도가 예수 이름으로 행할 때 무엇을 덧입게 되는가?

막9:23 읽고 묵상하라.

"예수께서 이르시되 할 수 있거든이 무슨 말이냐 믿는 자에게는 능히 하지 못할 일이 없느니라"

본문에서 예수님께서 자신을 믿는 자에게 주시는 언약은 무엇인가?

요14:12 읽고 묵상하라.

"나를 믿는 자는 내가 하는 일을 그도 할 것이요"(치유, 귀신 추방)

본문에서 예수님을 믿게 되면 무엇을 할 수 있다고 했는가?

빌4:13 읽고 묵상하라.

"내게 능력 주시는 자 안에서 내가 모든 것을 할 수 있느니라"

본문에서 바울은 자신의 삶의 원동력이 어디에 있다고 고백하고 있는가?

____

____

ⓓ 하나님 나라

예수가 최초로 선포한 말씀이 하나님의 나라이다. 이 하나님의 나라는 예수 그리스도의 말씀이 선포되는 곳마다 능력으로 임재했고 역사했다. 말씀의 선포를 통한 회개, 기적의 변화를 동반했다. 따라서 하나님의 나라는 예수의 능력 그 자체이다. 그 하나님의 나라가 개인, 교회, 세상, 선교의 자리에 임하는 역사가 일어나야 한다.

눅17:21 읽고 묵상하라.

"또 여기 있다 저기 있다고도 못하리니 하나님의 나라는 너희 안에 있느니라"

본문에서 예수를 영접한 자에게 하나님의 나라가 어디에 임재하는가?

____

____

고전4:20 읽고 묵상하라.

"하나님의 나라는 말에 있지 아니하고 오직 능력에 있음이라"

본문에서 하나님 나라의 본질이 무엇인가?

____

____

③ 구하라

요14:13을 읽고 묵상하라.

"너희가 내 이름으로 무엇을 구하든지 내가 행하리니"

본문에서 성도가 하나님의 능력을 공급 받기 위해서 어떻게 해야 하는가?

____

____

④ 성령

성령은 예수 그리스도가 승천하시면서 보내시기로 약속하신 보혜사이다. 이 보혜사는 인격적인 영으로서, 온 우주 가운데 편만하게 역사하며, 특히 성도의 인격 안에서 감동, 감화, 역사, 교통, 인도하는 성령 하나님이시다.

ⓐ 임재와 능력

행1:8을 읽고 묵상하라.

"오직 성령이 너희에게 임하시면 너희가 권능을 받고 예루살

렘과 온 유대와 사마리아와 땅 끝까지 이르러 내 증인이 되리라
하시니라"

본문에서 성도가 능력의 증인이 되는 원천은 무엇인가?

____

____

벧전4:11을 읽고 묵상하라.

"만일 누가 말하려면 하나님의 말씀을 하는 것 같이 하고 누
가 봉사하려면 하나님이 공급하시는 힘으로 하는 것 같이 하라"

능력 있는 성도가 되기 위해서는 말과 봉사를 누구의 힘을 얻
어 행하여야 하는가?

____

____

마12:28을 읽고 묵상하라.

"내가 하나님의 성령을 힘입어 귀신을 쫓아내는 것이면 하나
님의 나라가 이미 너희에게 임하였느니라"

본문에서 성도가 귀신을 쫓아내려면 무슨 힘을 공급 받아야
가능한가?

____

____

ⓑ 성령의 역사

성령 하나님은 역사함으로 그 사역을 나타낸다. 성도가 성령을 받았다는 증거는 그 성령의 역사로 가시화되어야 한다.

㉠ 거듭남

요3:6을 읽고 묵상하라.

"육으로 난 것은 육이요 성령으로 난 것은 영이니"

본문에서 회개와 거듭남은 육으로 난 것인가? 아니면 성령으로 난 것인가?

____

____

㉡ 믿음

고전12:3을 읽고 묵상하라.

"그러므로 내가 너희에게 알리니 하나님의 영으로 말하는 자는 누구든지 예수를 저주할 자라 하지 아니하고 또 성령으로 아니하고는 누구든지 예수를 주시라 할 수 없느니라"

본문에서 예수를 주로 고백할 수 있는 것은 무엇을 통해서만 가능한가?

____

____

그렇다면 예수를 주로 고백한 당신은 온전한 성령을 받은 자인가?

____

㉣ 간구

롬8:26을 읽고 묵상하라.

"이와 같이 성령도 우리의 연약함을 도우시나니 우리는 마땅히 기도할 바를 알지 못하나 오직 성령이 말할 수 없는 탄식으로 우리를 위하여 친히 간구하시느니라"

본문에서 성령님은 성도의 무엇을 돕고 계시는가?

____

____

㉤ 인도

요16:13을 읽고 묵상하라.

"진리의 성령이 오시면 그가 너희를 모든 진리 가운데로 인도하시리니 그가 스스로 말하지 않고 오직 들은 것을 말하며 장래 일을 너희에게 알리시리라"

본문에서 성도가 진리의 성령을 받으면 어떤 인도함을 받게 되는가?

____

____

㉥ 강건

엡3:16을 읽고 묵상하라.

"그의 영광의 풍성함을 따라 그의 성령으로 말미암아 너희 속사람을 능력으로 강건하게 하시오며"

본문에서 성령님의 사역은 성도의 무엇을 강건하게 하는가?

____

____

㈂ 은사

고전12:7-11을 읽고.묵상하라.

"각 사람에게 성령을 나타내심은 유익하게 하려 하심이라 어떤 사람에게는 성령으로 말미암아 지혜의 말씀을, 어떤 사람에게는 같은 성령을 따라 지식의 말씀을, 다른 사람에게는 같은 성령으로 믿음을, 어떤 사람에게는 한 성령으로 병 고치는 은사를, 어떤 사람에게는 능력 행함을, 어떤 사람에게는 예언함을, 어떤 사람에게는 영들 분별함을, 다른 사람에게는 각종 방언 말함을, 어떤 사람에게는 방언들 통역함을 주시나니 이 모든 일은 같은 한 성령이 행하사 그의 뜻대로 각 사람에게 나누어 주시는 것이니라"

본문은 성령님의 은사 사역이다. 본문에 어떤 은사가 언급되고 있는가?

____

____

본문에 언급되지 않은 은사는 어떤 것이 있는가?

____

____

나의 은사는 무엇인가?

____

____

(ㅅ) 증인

요15:26-27을 읽고 묵상하라.

"내가 아버지께로부터 너희에게 보낼 보혜사 곧 아버지께로부터 나오시는 진리의 성령이 오실 때에 그가 나를 증언하실 것이요 너희도 처음부터 나와 함께 있었으므로 증언하느니라"

본문에서 성령 받은 성도의 삶은 무엇인가?

____

____

ⓒ 성령은 어떻게 받는가?

하나님은 성령을 믿고 회개하고 사모하고 간구하는 자에게 충만한 성령을 부어 주신다.

(ㄱ) 사모하라

행2:1-3을 읽고 묵상하라.

"오순절 날이 이미 이르매 그들이 다 같이 한 곳에 모였더니 홀연히 하늘로부터 급하고 강한 바람 같은 소리가 있어 그들이 앉은 온 집에 가득하며 불의 혀처럼 갈라지는 것들이 그들에게 보여 각 사람 위에 하나씩 임하여 있더니"

본문에서 성령받기 위해 사모한 증거를 찾아보라.

(ㄴ) 간구하라

행4:31을 읽고 묵상하라.

"빌기를 다하매 모인 곳이 진동하더니 무리가 다 성령이 충만하여 담대히 하나님의 말씀을 전하니라"

본문에서 어떻게 성령을 받았는가?

(ㄷ) 회개하라

행2:37-41을 읽고 묵상하라.

"그들이 이 말을 듣고 마음에 찔려 베드로와 다른 사도들에게 물어 이르되 형제들아 우리가 어찌할꼬 하거늘 베드로가 이르되 너희가 회개하여 각각 예수 그리스도의 이름으로 세례를 받고 죄 사함을 받으라 그리하면 성령을 선물로 받으리니"

본문에서 베드로가 성령 받기를 원하는 자들에게 그 방법과 절차를 어떻게 가르치고 있는가?

(ㄹ) 믿으라

행19:2을 읽고 묵상하라.

"이르되 너희가 믿을 때에 성령을 받았느냐"

본문에서 온전한 믿음은 반드시 성령에 의해 고백되어 진다.

당신의 믿음이 성령에 의한 고백임을 증거할 수 있는가?

____

____

　당신이 성령에 의해 믿음을 가졌다면 당신은 성령을 받은 성도인가?

____

____

3. 말씀과 진단

　자신의 삶의 진단을 말씀에 비춰 볼 때, 삶의 원동력인 힘이 나 자신이 아닌 하나님께로부터 온다는 사실을 발견했는가? 그리고 나 자신의 삶 가운데서 삶의 원동력을 방해하는 요소를 깨닫게 되었는가?

____

____

　그렇다면 앞으로 나의 삶 가운데 어떤 사고의 변화를 기대할 수 있는가?(하나님 중심 혹은 나 중심)

____

____

4. 변화

나의 삶의 원동력이 하나님께 있음을 깨닫게 되었다면, 나의
생각이나 입술의 고백의 차원을 넘어 나의 삶 속에 구체적인 계
획과 삶의 변화를 가져와야 한다. 이제부터 당신은 성도로서 하
나님으로부터 능력을 받아 살기 위하여 어떤 사고의 변화를 다
짐할 수 있는가? 예를 들어, 삶, 가정, 교회, 직장, 세상에서… 나
자신의 내면의 적, 외면의 적과 관련해서 함께 나누어 보자.

____

____

5. 성도입니까?

본과를 통하여 내 삶의 원동력이 주께 있음을 깨닫게 되었다.
위로 주님이 주시는 새 힘을 공급받기 위하여 나의 내면과 외
면의 세계에 도사리고 있는 방해의 적들을 말씀으로 물리쳐야
한다.
따라서 나는 성도란 이름에 부끄럽지 않는 삶을 위하여 다음
의 것들을 결단해야 한다.
(1) 나의 삶의 원동력이 주께 있음을 입술로 선포할 수 있는
가?____

(2) 나는 주 안에서 모든 것을 할 수 있다는 믿음이 있는가?

____

(3) 나의 삶의 원동력을 방해하는 내면의 적인 불신, 죄, 분노, 두려움에서 떠나고, 오직 주인이신 하나님만 신앙하기로 결단하였는가?

____

(4) 나의 삶의 원동력을 방해하는 외면의 적인 비교문화, 열등감, 환경에서 자유하는 삶을 살 수 있는가?

____

찬송: 391장

오 놀라운 구세주 예수 내주 / 참 능력의 주시로다. 큰 바위 밑 안전한 그곳으로 내 영혼을 숨기시네 / 메마른 땅을 종일 걸어가도 나 피곤치 아니하며 / 저 위험한 곳 내가 이를 때면 큰 바위에 숨기시고 / 주손으로 덮으시네.

기도

주님! 감사합니다.

지금까지 나는 나의 삶을 내 힘으로만 살아왔습니다. 그렇다 보니 죄짓고, 남과 비교하다 보니 절망하고, 열등감 속에 살 때가 많았습니다. 이제 말씀을 통하여 나의 삶의 모든 힘이 주께로부터 임함을 깨닫게 되었습니다. 그 동안 나를 짓누르고 있던 죄와 열등감에서 자유케 되었습니다.

이제부터는 성도로서 부끄럽지 않고 당당하게 가슴을 펴고 승리하며 살겠습니다. 성령님께서 저를 도와주십시오.

예수님의 이름으로 기도드립니다. 아멘

옆에 있는 형제자매의 손을 잡고 능력 있는 삶을 살도록 서로 통성으로 기도하자.

해답 및 해설

2. 말씀
1) 삶의 원동력에 방해되는 것들
- 시32:1: 죄와 허물
- 욥5:2: 분노와 시기
- 요일4:18: 두려움
- 요15:5: 그가 내 안에 내가 그 안에
- 마6:24: 세상
- 사43:1-4: 존귀한 존재(보배, 존귀)
- 마16:26: 천하보다 귀하다.
- 대상29:12: 주께로부터
- 계5:12: 예수님은 삼위일체 하나님이다.
- 삼상2:7: 여호와께 거하는 자
- 마6:11: 일용할 양식을 기도하라.
- 잠30:8: 물질에 있는 것이 아니다. 자족의 은혜를 깨닫는 자가 행복이다.
- 빌4:11-12: 자족의 삶
- 잠9:10: 여호와
- 약1:15: 지혜를 구하라.
- 고전1:27, 시92:13-14: 여호와의 집에 심기라.
- 출4:10-12: 말이 능하지 못함(입이 뻣뻣하고 혀가 둔함), 아론을 붙이심
- 고후10:10: 몸이 약하고 말이 시원치 않음
- 고후10:7: 사람은 외모의 현상을 보나, 하나님은 외모보다 그리스도에 속한 중심의 존재를 본다.

- 삼상16:7: 사람은 외모를 보거니와 나 여호와는 중심을 보느니라.
- 마14:29-30: 예수보다 환경을 보았다.
- 요일4:18: 두려움에 빠진다.

2) 삶의 원동력은 삼위일체 하나님

- 창17:1: 전능하신 하나님, 하나님 앞에서 행하고 완전하라.
- 대상28:9: 그를 찾으면 만날 것이요. 버리면 영원히 버리리라.
- 사40:31: 새 힘
- 마1:21: 구원자, 구원
- 요20:31: 생명
- 눅24:47: 죄 사함
- 막9:39: 능한 일
- 골3:17: 감사
- 막9:23: 믿는 자에게 능히 하지 못할 일이 없다.
- 빌4:13: 내게 능력 주시는 자
- 고전4:20: 능력
- 요14:13: 구하라.
- 행1:8: 성령의 임함
- 벧전4:11: 하나님
- 마12:28: 성령을 힘입어
- 요3:6: 성령
- 고전12:3: 성령
- 롬8:26: 연약함
- 엡3:16: 속사람
- 고전12:7-11: 지혜, 지식, 믿음, 병 고침, 능력 행함, 예언, 영분별, 방언, 통역.
- 요15:26-27: 증거의 삶
- 행2:1-3: 한 곳에 모임

- 행4:31: 빌기를 다하매
- 행2:37-41: 말씀 듣고─회개─세례─죄 사함 받으라
- 행19:2: 온전한 믿음은 성령에 의한 증거

제 6 권 성도의

신앙으로
자라가고 있습니까?

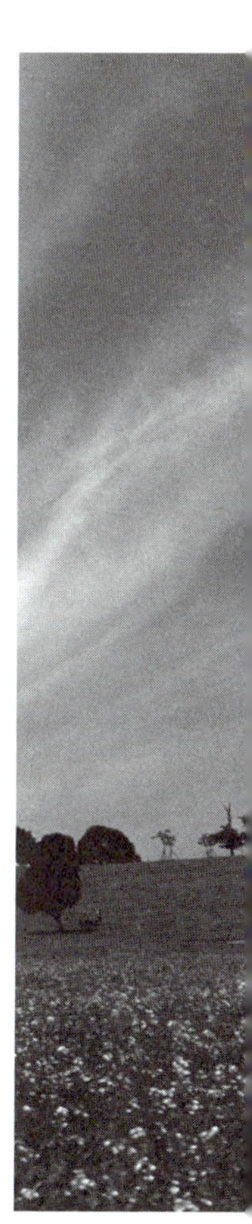

사색의 강가에서

울산에 사는 김현석 군은 '열성 이영양성 수포성 표피 박리증' 이라는 조금 긴 이름의 병을 앓고 있는 청년입니다. 그는 어렸을 때 온 몸에 물집이 생기고 피부가 짓무르면서 거의 성장을 멈추었습니다. 지금 20살이 되었지만 몸무게가 10kg밖에 나가지 않아 겉으로 보기에는 4 살난 아이 같습니다. 김 군의 어머니는 노동으로 20년간 그의 병수발을 들었으며, 이번에 이웃 주민들의 따스한 온정으로 귀한 성금을 전달받게 되었습니다.

사람들은 자기 나이에 걸맞는 성장을 하지 못하면 중병에 걸린 것으로 판단합니다. 그리고 당장 이 병원 저 병원을 찾아다니며 병을 고치기 위해 애를 씁니다. 그러나 영적으로 성장하지 못하는 병에는 무관심한 경우가 많습니다. 이 병은 가지가 그 나무에 붙어 있지 않아 영양을 공급받지 못해 열매를 맺지 못하는 병입니다. 우리의 믿음이 예수님과 관계가 없다면 영적인 열매는 당연히 열리지 않습니다. 주를 떠나서는 아무 것도 할 수 없기 때문입니다.

"나는 포도나무요 너희는 가지라 그가 내 안에, 내가 그 안에 거하면 사람이 열매를 많이 맺나니 나를 떠나서는 너희가 아무 것도 할 수 없음이라" (요15:5)

성도의 신앙으로 자라가고 있습니까?

새 생명은 출생하면서부터 자라간다. 어린 생명은 출생하여 왕성한 생명력으로 정신적, 육체적인 정상 발육과 성장이 되어야 한다. 만약 그렇지 못하면 지체 부자유자나 정박아로 일평생 살아가게 된다.

성도 역시 예수 영접 후 거듭난 영적 새 생명은 하나님을 믿는 것과 아는 것과 행함의 영양분을 계속적으로 잘 섭취하여 예수 그리스도의 장성한 분량까지 자라가야 한다. 흔히들 우리 주위에 '나는 모태 신앙이다. 나는 오랫동안 신앙생활을 하였다. 나는 교회 직분자' 라는 것을 앞세워 자신이 예수를 가장 잘 믿는 성도라는 착각 속에 빠져 있는 사람들이 많다.

신앙은 형식과 명분 그리고 외적인 형태보다 더 중요한 것은 그 내면의 신앙이 날마다 복음으로 변화되고 성숙되어 자라가야 한다는 것이다. 그 성숙의 신앙은 살아계신 하나님과 동행하며, 주님 주시는 영적 은혜 속에 깊숙히 잠겨야 한다. 만약 나 자신의 신앙이 계속해서 자라지 못하고 있다면 영적인 큰 중병을 앓고 있는 것이 분명하다.

그 영적인 중병은 하루속히 치료해야 한다. 때로는 말씀의 칼로 수술 받아야 하고, 주님의 보혈 주사를 맞아야 하고, 성령으로 치유를 받아야 한다.

본 과에서는 나의 신앙이 자라고 있는지에 대하여 스스로 진단해 보고 말씀의 정확한 처방을 통해서 천국에 들어 갈 수 있는 믿음의 삶으로 인도 받아야 한다.

1. 진단

나의 초기 신앙과 현재 나의 신앙생활을 돌아보면서 내 신앙이 얼마나 자라가고 있는지를 스스로 진단해 보자.

____

____

내가 처음 예수를 영접한 때가 언제인가? 모태신앙을 말하는 것이 아니라 주님을 만나 거듭남의 때를 말한다.

____

____

1) 나의 초기 신앙은?
① 구원에 대한 감격이 있었는가?_______________

____

② 주님 사랑의 열정이 어느 정도인가?(교회의 봉사에 대한
참여도와 관계하여)

③ 나의 삶의 목적이 분명한가?

④ 기도생활은?

⑤ 세상 사람들로(가족, 친구, 이웃)부터 당신이 예수 영접 후
변화된 평판은?

2) 현재 나의 신앙은 어떠한가?

아래 물음의 해당 분야 모두 체크해 보라.

① 구원의 확신이 있는가?

나는 예수 믿는 ○○○라고 선포할 수 있는가?

예수를 증언할 수 있는가?

② 나의 삶에 대한 우선순위는? ________________________

____

하나님의 일(교회)과 나의 일 가운데서 어떤 일을 우선해 왔
는가? ____

____

③ 주일 성수 신앙은 어느 정도인가?

반드시 지킴____ 적당히 지킴____ 환경 때문에 성수하지 못
함____ 대충____

④ 교회 봉사를 어떻게 하고 있는가?

순종과 기쁨으로____ 내가 하고 싶은 일만____ 다른 사람의식
때문____ 피곤하여 싫다____

⑤ 헌금 생활을 어떻게 하고 있는가?

기쁨으로 드린다(십일조, 감사, 주일, 절기, 목적)____ 믿음이
부족해서 십일조 드리지 못하고 있다____ 헌금 드림이 아깝다
____ 드리지 않는다____

⑥ 기도생활을 어떻게 하고 있는가?

항상 기도한다____ 가끔 한다____ 교회에서만 한다____ 위
급할 때만 한다____ 전혀 안한다____

⑦ 예배를 어떻게 드리고 있는가?

주일 예배가 기다려진다____ 주일이니까____ 사람과 교제를
위해____ 자신의 목적를 위해____

⑧ 설교를 어떻게 듣고 있는가?

하나님의 말씀으로 듣는다____ 사람의 말로 생각하고 자기에게 필요한 것만 듣는다__말씀들을 때 딴 생각하고 성경책을 뒤적거린다____ 말씀을 경청하는 자세와 태도가 경건치 못하다____ 말씀 듣고 난 후에 목사가 나를 책망했다고 생각한다____

⑨ 신앙생활 속에서 하나님의 은혜체험을 경험하고 있는가?

기쁨과 응답이 있다____ 가끔 있는 것 같다____ 체험이 없다____ 받은 은혜를 간증 한 적이 있다____

⑩ 가정, 세상에서 어떻게 살아가고 있는가?

믿음, 사랑, 거룩한 삶의 본(말, 삶의 행동)이 있는가____ 교회생활과 세상의 삶을 구별하여 살고 있는가____ 가정, 세상에서 지탄을 받은 적은 없는가 ____

3) 초기와 현재 나의 신앙 진단결과?

나의 신앙이 건강하게 자라가고 있는가? Yes, No로 고백해 보자.____

만약 No로 진단되었다면 나의 신앙이 자라지 못한 그 원인과 증상은 무엇이라고 생각하는가?

혹시 영적인 중병인가?_________________________________
____

만약 자신이 영적 중병을 발견했다면, 말씀으로 치유의 과정
에 참여하고 싶은가?

2. 말씀

신앙이 성장한다는 것은 편안한 육신의 삶이 아니라 궁극적
으로 예수님의 인격과 삶을 닮아가는 과정이다.

이를 신학적으로 성화('카다쉬', to cut: 짜르고, '하기오스',
to separate: 구별되고)라고 부른다. 종교개혁자들은 이 성화를
구원론의 10단계(선택, 소명, 중생, 신앙, 회개, 칭의, 수양, 성
화, 견인, 영화) 중 8번째 단계에 이른다고 본다. 반면에 요한 웨
슬레는 성화를 신자의 회개와 믿음으로 거룩하여져 간다고 보
았다.

그러므로 우리의 신앙이 성화(자라남)되기 위해서는 때로는
우리의 잘못된 사고, 습관, 행동에 있어서 잘라 낼 것은 자르고,
취할 것은 취해야 하는 신자의 회개와 믿음의 훈련이 요구된다.

1) 신앙은 반드시 성장해야 한다.

① 성품을 닮아라.

성도의 신앙성장의 궁극적인 목표는 예수님의 성품을 닮아가
는 과정이다.

창1:26-27을 읽고 묵상하라.

"하나님이 이르시되 우리의 형상을 따라 우리의 모양대로 우

리가 사람을 만들고...”(26)

“하나님이 자기 형상 곧 하나님의 형상대로 사람을 창조하시되, 남자와 여자를 창조하시고”(27)

본문에서 성도가 궁극적으로 닮아가야 할 형상은 무엇인가?

____

____

하나님의 형상이 무엇인지를 설명할 수 있는가?

____

____

〈주석〉

하나님의 형상(the image of God): 하나님의 모양이 아니라 그 이미지를 닮았다는 뜻이다. 하나님의 이미지는 (1) 다른 동물과 달리 하나님을 알 수 있도록 만들었다. (2) 지혜로움(삼하 14:20)과 선함(삼상29:9)이 있다. (3) 의, 진리, 거룩함으로 지음을 받았다(엡4:24).

엡4:13-16을 읽고 묵상하라.

“우리가 다 하나님의 아들을 믿는 것과 아는 일에 하나가 되어 온전한 사람을 이루어 그리스도의 장성한 분량이 충만한 데까지 이르리니 이는 우리가 이제부터 어린 아이가 되지 아니하여 사람의 속임수와 간사한 유혹에 빠져 온갖 교훈의 풍조에 밀려 요동하지 않게 하려 함이라 오직 사랑 안에서 참된 것을 하여 범사에 그에게까지 자랄지라 그는 머리니 곧 그리스도라 그에게서 온 몸이 각 마디를 통하여 도움을 받음으로 연결되고 결합되어 각 지체의 분량대로 역사하여 그 몸을 자라게 하며 사랑 안에서 스스로 세우느니라"

본문에서 성도의 신앙이 어디까지 자라가야 하는가?

____

____

본문에서 성도의 신앙이 그리스도의 장성한 분량에 이르기 위해서 추구해야 할 것과 버릴 것이 무엇인가?

____

____

② 소원하라.

성도가 신앙성장의 목표를 세웠다 하더라도 그 마음에 신앙성장에 대한 열망이 없다면 신앙은 더 이상 성장할 수 없다. 뿐만 아니라 신앙 성장은 교회만 다닌다고 이루어지는 것이 아니다. 신앙 성장은 내 안에서(work in) 하나님의 역사와 나 자신의 삶(work out)의 행위가 동반되어질 때 성장의 열매가 맺어지기 때문이다. 때문에 성도는 자신의 신앙 성장을 위한 태도가 매우 중요하다. 다시 말하면 나의 신앙이 성장하기를 소원해야 하고, 그 성장을 위해 입어야 할 것과 버릴 것을 말씀의 기준에서 스스로 찾아 결단을 하는 부단한 노력과 몸부림이 필요하다.

빌1:20을 읽고 묵상하라.

"나의 간절한 기대와 소망을 따라 아무 일에든지 부끄러워하지 아니하고 지금도 전과 같이 온전히 담대하여 살든지 죽든지 내 몸에서 그리스도가 존귀하게 되게 하려 하나니"

본문에서 바울의 간절한 소망이 무엇인가?

____

____

본문에서 바울은 어떤 신앙으로 성장하기를 소원하고 있는가?

____

____

본문에서 바울은 "살든지 죽든지 그리스도가 존귀히 되게 하기"를 소원하고 있다. 그 의미를 설명할 수 있는가?

____

____

〈주석〉

사는 것(롬12:1)은 산제물이 되고, 죽은 것은 순교의 길이다. 때문에 오직 주님만 귀하게 높여지면 된다.

빌2:13을 읽고 묵상하라.

"너희 안에서 행하시는 이는 하나님이시니 자기의 기쁘신 뜻을 위하여 너희에게 소원을 두고 행하게 하시나니”

본문에서 성도가 신앙이 자라기를 소원한다면 그 소원을 일으키시는 분은 누구인가?

____

____

〈주석〉

소원과 행하는 것, 둘 다 하나님께 속한 것이다. 하나님은 우리 안에서 소원을 일으키시며, 우리 안에서 그 일을 행하는 것이다.

위의 본문을 통하여 볼 때, 주 안에서 신앙 성장을 위한 간절한 소원은 이루어 질 수 있다고 보는가?

____

____

③ 입고, 버릴 것

성도의 신앙 성장을 위해서는 계속적으로 추구해야 할 것은 취하고, 과감하게 버릴 것은 버려야 한다.

엡4:22-24을 읽고 묵상하라.

“너희는 유혹의 욕심을 따라 썩어져 가는 구습을 따르는 옛 사람을 벗어 버리고 오직 너희의 심령이 새롭게 되어 하나님을 따라 의와 진리의 거룩함으로 지으심을 받은 새 사람을 입으라”

본문에서 성도가 자신의 신앙 성장을 소원하기 위하여 먼저

버릴 것과 입어야 할 것이 무엇인가?

엡4:13-16을 읽고 묵상하라.

"우리가 다 하나님의 아들을 믿는 것과 아는 일에 하나가 되어 온전한 사람을 이루어 그리스도의 장성한 분량이 충만한 데까지 이르리니 이는 우리가 이제부터 어린 아이가 되지 아니하여 사람의 속임수와 간사한 유혹에 빠져 온갖 교훈의 풍조에 밀려 요동하지 않게 하려 함이라 오직 사랑 안에서 참된 것을 하여 범사에 그에게까지 자랄지라 그는 머리니 곧 그리스도라 그에게서 온 몸이 각 마디를 통하여 도움을 받음으로 연결되고 결합되어 각 지체의 분량대로 역사하여 그 몸을 자라게 하며 사랑 안에서 스스로 세우느니라"

본문에서 성도의 신앙 성장을 위해 취할 것과 버릴 것은?

롬12:2을 읽고 묵상하라.

"너희는 이 세대를 본받지 말고 오직 마음을 새롭게 함으로 변화를 받아 하나님의 선하시고 기뻐하시고 온전하신 뜻이 무엇인지 분별하도록 하라"

본문에서 성도가 자신의 신앙 성장을 소원하기 위하여 본받지 말아야 될 것과 추구해야 할 신앙의 요소는 무엇인가?

____

____

갈5:22-23을 읽고 묵상하라.

"오직 성령의 열매는 사랑과 희락과 화평과 오래 참음과 자비와 양선과 충성과 온유와 절제니 이 같은 것을 금지할 법이 없느니라"

본문에서 성도가 입어야 할 성령의 열매는?

____

____

고린도전서 13장은 예수님의 사랑의 성품으로 모든 성도가 입어야 할 신앙의 옷이다.

암송 할 수 있는 분이 있는가?

____

____

본문에서 나름대로 사랑이 무엇인가에 대하여 서로 나누어 보자.

____

____

벧전1:5-8을 읽고 묵상하라.

"그러므로 너희가 더욱 힘써 너희 믿음에 덕을, 덕에 지식을, 지식에 절제를, 절제에 인내를, 인내에 경건을, 경건에 형제우애를, 형제우애에 사랑을 더하라. 이런 것이 너희에게 있어 흡족한즉 너희로 우리 주 예수 그리스도를 알기에 게으르지 않고 열매 없는 자가 되지 않게 하려니와"

본문에서 신앙 성숙과정을 단계별로 말해보고 그 단계에 따른 변화의 경험이 있다면 서로 나누어 보자.

____

____

잠4:23을 읽고 묵상하라.

"모든 지킬 만한 것 중에 더욱 네 마음을 지키라 생명의 근원이 이에서 남이니라."

성도의 삶은 사고에서 지배된다. 본문에서 성도의 삶을 지배하는 근본적인 사고는 어디에서 오는가?

____

____

④ 믿고 행하라.

신앙 성장은 하나님의 깊으신 뜻 안에서, 성도의 소원 가운데 진리의 말씀, 어려움, 시험을 통하여 구체적으로 성숙되어 간다.

ⓐ 구원을 소원하라.

빌2:12-16을 읽고 묵상하라.

"그러므로 나의 사랑하는 자들아 너희가 나 있을 때뿐 아니라 더욱 지금 나 없을 때에도 항상 복종하여 두렵고 떨림으로 너희 구원을 이루라 너희 안에서 행하시는 이는 하나님이시니 자기의 기쁘신 뜻을 위하여 너희에게 소원을 두고 행하게 하시나니 모든 일을 원망과 시비가 없이 하라 이는 너희가 흠이 없고 순전하여 어그러지고 거스르는 세대 가운데서 하나님의 흠 없는 자녀로 세상에서 그들 가운데 빛들로 나타내며 생명의 말씀을 밝혀 나의 달음질이 헛되지 아니하고 수고도 헛되지 아니함으로 그리스도의 날에 내가 자랑할 것이 있게 하려 함이라."

본문에서 성도를 향한 하나님의 기쁘신 뜻이 무엇인가?

____

____

〈주석〉

하나님은 성도가 구원의 자리에 이르고 또 구원받은 자가 세상에서 빛의 삶을 통해 그리스도 날에 자랑할 수 있는 구원자로 서기를 소원하신다.

본문에서 성도의 궁극적인 소원은 무엇인가?

____

____

본문에서 구원 받는 성도가 구원의 완성을 위하여 어떤 신앙으로 자라가야 하는가?

ⓑ 구원을 이루는 자세 ________________________

____

ⓒ 일에 대한 삶의 태도 ________________________

____

2) 말씀을 묵상하라.

성도의 신앙이 성장하기 위해서는 주 영양소인 말씀을 통한 지정의의 변화의 삶을 추구해야 한다.

① 능력

히4:12을 읽고 묵상하라.

"하나님의 말씀은 살아 있고 활력이 있어 죄우에 날선 어떤 검보다도 예리하여 혼과 영과 및 관절과 골수를 찔러 쪼개기까지 하며 또 마음의 생각과 뜻을 판단하나니"

본문에서 말씀의 능력을 어떻게 표현하고 있는가?

____

____

본문에서 성도가 하나님의 말씀을 듣게 될 때 신체적인 비유에서 어떤 영적인 통증을 경험 할 수 있는가?

____

당신은 말씀을 듣고 난 후에 영혼의 통증과 아멘보다 비평 또는 거부한 마음을 가진 적은 없는가?

____

____

당신이 만약 말씀을 듣고 거부한 마음이 생겼다면 그 이유가 무엇인가? 함께 나누어 보자. 그리고 그 같은 마음이 어디에서 비롯되었다고 생각하는가?

____

____

② 듣기

롬10:17을 읽고 묵상하라.

"그러므로 믿음은 들음에서 나며 들음은 그리스도의 말씀으로 말미암았느니라"

본문에서 성도가 말씀을 듣게 될 때, 나의 신앙생활의 어떤 부분에 성장과 변화를 가져오는가?

____

____

③읽기

신17:19을 읽고 묵상하라.

"평생에 자기 옆에 두고 읽어 그의 하나님 여호와 경외하기를 배우며 이 율법의 모든 말과 이 규례를 지켜 행할 것이라”

　본문에서 말씀을 읽게 될 때, 나의 신앙에 어떤 부분의 성장과 변화를 경험할 수 있을까?

____

____

　당신의 삶 가운데 성경 읽기를 하고 있는가?

____

____

　당신은 성경을 읽고 난 후에 말씀을 묵상한 적이 있는가? 시편 1편을 암송하는 분이 있는가?

____

____

　묵상이란 말을 이해할 수 있는가?

____

____

④ 하나님께서 나에게 말씀하심으로 받아들이라.
골3:16을 읽고 묵상하라.
“그리스도의 말씀이 너희 속에 풍성히 거하여 모든 지혜로 피차 가르치며 권면하고 시와 찬송과 신령한 노래를 부르며 감사하는 마음으로 하나님을 찬양하고"

본문에서 말씀이 나의 심령에 풍성히 거할 때 나의 신앙성장에 어떤 변화를 기대할 수 있을까?

____

____

⑤ 삶 가운데 행하라.

마7:24을 읽고 묵상하라.

"그러므로 누구든지 나의 이 말을 듣고 행하는 자는 그 집을 반석 위에 지은 지혜로운 사람 같으리니"

본문에서 말씀대로 행하면 나의 신앙성장에 어떤 변화를 기대할 수 있는가?

____

____

딤후3:15-17을 읽고 묵상하라.

"또 어려서부터 성경을 알았나니 성경은 능히 너로 하여금 그리스도 예수 안에 있는 믿음으로 말미암아 구원에 이르는 지혜가 있게 하느니라. 모든 성경은 하나님의 감동으로 된 것으로 교훈과 책망과 바르게 함과 의로 교육하기에 유익하니 이는 하나님의 사람으로 온전하게 하며, 모든 선한 일을 행할 능력을 갖추게 하려 함이라"

본문에서 말씀을 믿고 행할 때 어떤 복이 주어지는가? 구체적으로 찾아보라.

3) 선한 목적을 발견하라.

성도가 겪는 각종 어려운 문제 뒤에는 하나님의 선하신 목적이 있다. 하나님은 그 어려움의 상황들을 통하여 성도의 신앙과 인격의 변화와 성장의 삶을 추구하게 한다.

① 선한 목적

롬8:28-29을 읽고 묵상하라.

"우리가 알거니와 하나님을 사랑하는 자 곧 그의 뜻대로 부르심을 입은 자들에게는 모든 것이 합력하여 선을 이루느니라 하나님이 미리 아신 자들을 또한 그 아들의 형상을 본받게 하기 위하여 미리 정하셨으니 이는 그로 많은 형제 중에서 맏아들이 되게 하려 하심이니라"

본문에서 하나님은 성도의 어려움을 통해 이루고자 하는 두 가지 큰 목적이 무엇인가?

그러므로 하나님의 목적은 우리의 어려운 문제나 죄의 고통보다 더 크고 오묘함을 기억하라.

② 인격 훈련

롬5:3-4을 읽고 묵상하라.

"다만 이뿐 아니라 우리가 환난 중에도 즐거워하나니 이는 환난은 인내를, 인내는 연단을, 연단은 소망을 이루는 줄 앎이로다"

본문에서 성숙한 성도가 되기 위하여 어려움 속에서 쌓아야 할 인격의 3가지 덕목은 무엇인가?

____

____

벧전1:7을 읽고 묵상하라.

"너희 믿음의 확실함은 불로 연단하여도 없어질 금보다 더 귀하여 예수 그리스도께서 나타나실 때에 칭찬과 영광과 존귀를 얻게 할 것이니라"

본문에서 성도가 시련을 통하여 얻게 되는 복은?

____

____

③ 영적 통찰력

성도는 어려움이 닥쳐 올 때마다 당황하거나 좌절하지 말고 하나님의 선하신 계획을 발견하는 영적 통찰력이 필요하다.

렘29:11을 읽고 묵상하라.

"여호와의 말씀이니라 너희를 향한 나의 생각을 내가 아나니 평안이요 재앙이 아니니라 너희에게 미래와 희망을 주는 것이니라"

본문에서 하나님께서 성도를 환난 가운데 주시고자 하는 선한 뜻이 무엇인가?

약1:3-4을 읽고 묵상하라.

"이는 너희 믿음의 시련이 인내를 만들어 내는 줄 너희가 앎이라 인내를 온전히 이루라 이는 너희로 온전하고 구비하여 조금도 부족함이 없게 하려 함이라"

본문에서 하나님께서 성도의 시련을 통하여 이루시고자 하는 선한 목적이 무엇인지를 발견할 수 있는가?

창50:15-21을 읽고 묵상하라.

본문은 요셉이 시련을 통한 하나님의 선한 계획을 발견하고 고백한 내용이다.

본문을 통해 요셉은 자신이 맞이한 시련을 어떻게 극복했으며 그 시련을 통한 하나님의 놀라우신 계획을 함께 나누어 보고, 또 자신이 고난을 통한 하나님의 선한 목적의 역사가 있으면 서로 간증해 보자.

____

____

____

____

4) 시험

성도는 이미(already) 믿음으로 구원을 얻었으나 구원의 완성을 향하여 신앙의 경주를 하게 된다. 이 신앙의 삶에서는 예기치 않는 시험과 어려움을 만나게 되며 그 시험의 과정에서 승리함으로 한 단계 성숙한 신앙인으로 발전하게 된다.

왜 시험을 만나게 되는가?

① 사탄의 계략

* 첫 번째

벧전5:8을 읽고 묵상하라.

"근신하라 깨어라 너희 대적 마귀가 우는 사자 같이 두루 다니며 삼킬 자를 찾나니"

본문에서 사탄은 성도를 시험에 빠지게 하기 위한 첫 번째 계략으로 무엇을 찾고 있는가?

____

____

＊두 번째

히3:12을 읽고 묵상하라.

"형제들아 너희는 삼가 혹 너희 중에 누가 믿지 아니하는 악한 마음을 품고 살아계신 하나님에게서 떨어질까 조심할 것이요"

본문에서 사탄은 성도를 시험에 빠지게 하기 위한 두 번째 계략으로 하나님에 대한 어떤 마음을 품게 하는가?

____

____

＊세 번째

요8:44을 읽고 묵상하라.

"너희는 너희 아비 마귀에게서 났으니, 너희 아비의 욕심대로 너희도 행하고자 하느니라. 그는 처음부터 살인한 자요 진리가 그 속에 없으므로 진리에 서지 못하고 거짓을 말할 때마다 제 것으로 말하나니 이는 그가 거짓말쟁이요 거짓의 아비가 되었음이라"

본문에서 사탄은 성도를 시험에 빠지게 하기 위한 세 번째 계략으로 성도로 하여금 어떤 두 가지 마음을 가지게 하는가?

____

____

＊네 번째

약1:14-16을 읽고 묵상하라.

"오직 각 사람이 시험을 받는 것은 자기 욕심에 끌려 미혹됨
이니 욕심이 잉태한즉 죄를 낳고 죄가 장성한즉 사망을 낳느니
라. 내 사랑하는 형제들아 속지 말라"

본문에서 사탄은 성도를 시험에 빠지게 하기 위한 네 번째 계
략으로 성도로 하여금 하나님의 말씀에 대해 어떤 태도를 가지
게 하는가?

____

____

② 사탄의 시험에서 승리하는 방법

성도가 시험을 만나면 당황하며 말씀과 믿음의 의지보다 환
경에 두려움을 가진다. 이 같은 마음과 환경을 조성하는 것은
사탄이다. 그렇다면 어떻게 사탄의 시험에서 승리할 수 있을까?

하나님은 시험하지 않으신다.

약1:13을 읽고 묵상하라.

"사람이 시험을 받을 때에 내가 하나님께 시험을 받는다 하
지 말지니 하나님은 악에게 시험을 받지도 아니하시고 친히 아
무도 시험하지 아니하시느니라"

본문에서 하나님은 성도를 시험하는가?

____

____

____

본문에서 누가 성도를 시험에 빠지게 하는가?

하나님은 능히 시험에서 넉넉히 이기신다.

롬8:35-39을 읽고 묵상하라.

"누가 우리를 그리스도의 사랑에서 끊으리요 환난이나 곤고나 박해나 기근이나 적신이나 위험이나 칼이랴 기록된 바 우리가 종일 주를 위하여 죽임을 당하게 되며 도살 당할 양 같이 여김을 받았나이다 함과 같으니라 그러나 이 모든 일에 우리를 사랑하시는 이로 말미암아 우리가 넉넉히 이기느니라 내가 확신하노니 사망이나 생명이나 천사들이나 권세자들이나 현재 일이나 장래 일이나 능력이나 높음이나 깊음이나 다른 어떤 피조물이라도 우리를 우리 주 그리스도 예수 안에 있는 하나님의 사랑에서 끊을 수 없으리라"

본문에서 성도가 불같은 시험을 만나도 넉넉히 이길 수 있는 근본적인 비결은 무엇이라고 하는가?

고전10:13을 읽고 묵상하라.

"사람이 감당할 시험 밖에는 너희가 당한 것이 없나니 오직 하나님은 미쁘사 너희가 감당하지 못할 시험 당함을 허락하지 아니하시고 시험 당할 즈음에 또한 피할 길을 내사 너희로 능히 감당하게 하시느니라"

본문에서 하나님은 성도가 시험이 다가올 때, 어떤 믿음의 태도를 가지도록 말씀하고 있는가?

_____

③ 하나님의 도우심을 구하라.

히4:15을 읽고 묵상하라.

"우리에게 있는 대제사장은 우리의 연약함을 동정(윗사람이 아래 사람을 돌보고 구제하는 일)하지 못하실 이가 아니요 모든 일에 우리와 똑같이 시험을 받으신 이로되 죄는 없으시니라"

본문에서 성도가 시험 당할 즈음에 하나님께 도움을 요청 할 수 있는 것은 하나님의 어떤 성품 때문인가?

_____

약1:12을 읽고 묵상하라.

"시험을 참는 자는 복이 있나니 이는 시련을 견디어 낸 자가 주께서 자기를 사랑하는 자들에게 약속하신 생명의 면류관을 얻을 것이기 때문이라"

본문에서 성도가 시험을 참고 극복하게 될 때 주어지는 복은?

④ 대적하라

벧전5:8-9을 읽고 묵상하라.

"근신하라, 깨어라, 너희 대적 마귀가 우는 사자 같이 두루 다니며 삼킬 자를 찾나니 너희는 믿음을 굳건하게 하여 그를 대적하라"

본문에서 사탄이 시험으로 도전해 올 때 성도는 어떻게 대적해야 하는가? 본문에서 동사형 세 문장으로 답을 하라.

엡6:13-19을 읽고 묵상하라.

"그러므로 하나님의 전신 갑주를 취하라 이는 악한 날에 너희가 능히 대적하고 모든 일을 행한 후에 서기 위함이라 그런즉 서서 진리로 너희 허리띠를 띠고 의의 호심경을 붙이고 평안의 복음이 준비한 것으로 신을 신고 모든 것 위에 믿음의 방패를 가지고 이로써 능히 악한 자의 모든 불화살을 소멸하고 구원의 투구와 성령의 검 곧 하나님의 말씀을 가지라 모든 기도와 간구를 하되 항상 성령 안에서 기도하고 이를 위하여 깨어 구하기를 항상 힘쓰며 여러 성도를 위하여 구하라 또 나를 위하여 구할 것은 내게 말씀을 주사 나로 입을 열어 복음의 비밀을 담대히 알리게 하옵소서 할 것이니"

본문에서 성도가 사탄의 시험을 이기기 위한 구체적인 신앙은 무엇인가? 전선에 나가는 군인의 완전 무장한 모습과 비유하면서 답해보라.

---

⑤ 모든 시험을 선으로 바꾸라.

성도가 시험을 당하는 요인은 사탄의 계략이 첫 번째 요소지만, 사탄은 인간의 내면적인 것(죄, 욕심, 유혹, 분노, 시기, 질투, 조급함 등)과 환경(도피, 열등, 비교, 절망 등)에 접목시켜 시험의 불을 점화시킨다.

그러므로 시험을 만났을 때 그 시험 자체에 집착하지 말고 하나님의 선한 뜻과 성령의 열매를 맺는 것을 생각하고 행하라.

빌4:8을 읽고 묵상하라.

"끝으로 형제들아 무엇에든지 참되며 무엇에든지 경건하며 무엇에든지 옳으며 무엇에든지 정결하며 무엇에든지 사랑 받을 만하며 무엇에든지 칭찬 받을 만하며 무슨 덕이 있든지 무슨 기림이 있든지 이것들을 생각하라 너희는 내게 배우고 받고 듣고 본 바를 행하라 그리하면 평강의 하나님이 너희와 함께 계시리라"

본문에서 성도가 시험을 만났을 때, 시험 그 자체보다 무엇을 생각하고 행하여야 하는가?

갈5:22-23을 읽고 묵상하라.

"오직 성령의 열매는 사랑과 희락과 화평과 오래 참음과 자

비와 양선과 충성과 온유와 절제니 이같은 것을 금지할 법이 없
느니라”

본문에서 성도가 시험을 이기기 위해 시험 그 자체에 몰입하
지 말고 적극적으로 성령의 열매를 맺도록 노력해야 한다. 성령
열매의 반대적인 요소가 바로 시험 받는 것들이기 때문이다. 성
령의 반대적인 항목들을 본문에서 찾아 서로 말해보자.

____

____

5) 시간이 필요하다.

어린아이가 갓 태어나서 장성한 어른이 되기까지는 많은 시간
이 소요된다. 신앙의 성장도 마찬가지다. 끊임없는 하나님의 은
총과 성도의 부단한 성화의 노력이 필요하다. 그러므로 성숙한
성도가 되는 과정에 있어서 조급한 생각을 가지지 말아야 한다.

① 목표

엡4:13을 읽고 묵상하라.

“우리가 다 하나님의 아들을 믿는 것과 아는 일에 하나가 되
어 온전한 사람을 이루어 그리스도의 장성한 분량이 충만한 데
까지 이르리니”

본문에서 성도의 궁극적인 신앙 성장 목표는?

____

____

본문에서 성도가 신앙 성장을 위해서 어떤 부분에서 열심을 다 해야 하는가?

____

② 기간

빌1:6을 읽고 묵상하라.

"너희 안에서 착한 일을 시작하신 이가 그리스도 예수의 날까지 이루실 줄을 우리는 확신하노라"

본문에서 성도의 신앙성장 기간을 언제부터 언제까지 보아야 하는가?

____

____

〈주석〉

착한 일의 시작의 때는 빌립보 교인들이 믿게 되고 구원받게 된 때이다.

③ 인내

약1:4을 읽고 묵상하라.

"인내를 온전히 이루라 이는 너희로 온전하고 구비하여 조금도 부족함이 없게 하려 함이라"

본문에서 성도가 온전한 신앙으로 성숙되기 위하여 어떤 신앙의 덕목이 필요한가?

____

합2:3을 읽고 묵상하라.

"이 묵시는 정한 때가 있나니 그 종말이 속히 이르겠고 결코 거짓되지 아니하리라 비록 더딜지라도 기다리라 지체되지 않고 반드시 응하리라"

본문에서 성도는 자신의 신앙성장이 더디게 느껴질지라도 어떤 신앙 태도를 가져야 하는가?

④ 왜 신앙성장이 오래 걸리는가?

ⓐ 배움

딤후3:14을 읽고 묵상하라.

"너는 배우고 확신한 일에 거하라"

본문에서 성도가 자신의 신앙을 성장하기 위하여 어떤 신앙 자세를 가져야 하는가?

빌2:12을 읽고 묵상하라.

"나의 사랑하는 자들아 너희가 나 있을 때뿐 아니라 더욱 지금 나 없을 때에도 항상 복종하여 두렵고 떨림으로 너희 구원을 이루라"

본문에서 성도가 구원을 이루는데 어떤 자세가 요구되는가?

ⓑ 진보

딤전4:15을 읽고 묵상하라.

"이 모든 일에 전심 전력하여 너의 성숙함을 모든 사람에게 나타나게 하라"

본문에서 성도가 자신의 신앙 성장을 위해 하나님의 일에 어떻게 참여해야 하며 또 자신의 삶이 다른 사람에게 어떤 모습으로 나타나야 할까? 말, 행동에 관련하여 서로 나누어 보자.

____

____

3. 진단과 말씀의 관계성

지금까지 나는 교회 등록하고, 세례 받고 교회당 뜰만 밟고 다니면 신앙이 성장되어 가는 줄 알았다. 그러나 본 과정의 말씀 훈련을 통하여 볼 때 나의 신앙을 성장시키기 위해서는 신앙 성장을 위한 간절한 소원, 말씀의 배움, 그리고 인격의 훈련, 시험, 삶의 실천을 통하여 성장해 감을 알게 되었다.

이제 나 자신의 신앙성장을 위하여 어떤 마음과 행위의 결단을 다짐할 수 있는가? 지금까지 배운 바를 한 사람씩 다짐해 보자.

____

____

4. 변화

신앙이 성장하기 위해서는 하나님의 은혜와 자신의 부단한 노력이 필요함을 깨닫게 되었다. 이제 당신은 자신의 신앙성장을 위한 노력으로 어떤 변화를 기대 할 수 있는가?

마음

말씀

삶

훈련

5. 성도입니까?

본 과를 통하여 신앙은 반드시 성장되어야 함을 깨닫게 되었다. 성도의 신앙 성장은 내적인 성장을 통하여 외적인 삶의 변화로 나타나야 한다. 나는 하나님을 믿는 성도로서 어떠한 시험과 환난 속에서도 좌절하지 않고, 믿음으로 승리함으로써 온 교

회와 세상에 살아계신 하나님을 증거하고, 사랑과 희락과 화평
과 오래 참음, 자비와 양선과 충성과 온유와 절제의 성령의 열
매를 맺으므로, 믿는 자로서 세상에 본이 되어 주님의 복음을
세상에 전파할 것을 다짐한다.

나는 성도란 이름이 부끄럽지 않은 신앙인으로 성장하기 위
하여 다음의 것들을 결단한다.

(1) 나는 성도로서 그리스도의 성품 닮기를 소원하는가?

____

(2) 나는 성도로서 버릴 것과 입을 것이 무엇인지를 분명히
알고 있는가?

____

(3) 나는 신앙 성장에 많은 시간이 걸림을 깨닫고 인내하며,
배움과 훈련을 계속하겠는가?

____

(4) 나는 성도로서 세상 속에서 성령의 9가지 열매 맺는 삶을
통해 이 땅에 복음을 전파하기로 결단하는가?

____

____

환난과 핍박 중에도 성도는 신앙 지켰네 / 이 신앙 생각 할 때에 기쁨이 충만하도다 / 성도의 신앙 따라서 죽도록 충성하겠네 / 아멘

주님! 감사합니다.

지금까지 나의 삶 가운데서 파도처럼 밀려오는 수많은 시험과 환난 때문에 괴로워하고 눈물을 흘리는 때도 많았지만, 그 모든 것들을 통하여 나의 믿음을 자라게 해 주심을 깨닫게 되었습니다.

주님! 앞으로도 나의 삶 가운데 불같은 시험이 다가오더라도 조금도 굴하지 않고, 시험과 세상을 이기신 주님의 말씀을 부여잡고, 오직 주님만 바라보고 승리하는 성도가 되게 하여 주옵소서. 예수님의 이름으로 기도드립니다. 아멘

옆 자리 형제자매의 손을 잡고 성도의 이름이 부끄럽지 않은 신앙으로 성숙될 수 있도록 통성으로 서로 기도합시다.

하나님께 영광의 박수를 보냅시다.

2. 말씀

- 창1:26-27: 하나님의 형상
- 엡4:13-16: 그리스도의 장성한 분량까지. 버릴 것: 속임수, 간사한 유혹, 온갖 교훈의 풍조.추구할 것: 사랑 안에서 참된 것을 함
- 빌1:20: 내 몸에서 그리스도만을 존귀하게 하는 것. 오직 주님께만 영광
- 빌2:13: 하나님
- 엡4:22-24: 버릴 것: 유혹과 욕심의 옛 사람. 입을 것: 의, 진리, 거룩함으로 지음 받은 새 사람
- 엡4:13-16: 취할 것: 하나님 믿는 것과 아는 일. 버릴 것: 속임수, 간사한 유혹, 온갖 교훈의 풍조.
- 롬12:3: 본받지 말아야 할 것: 이 세대. 추구할 것: 새 마음으로 변화, 하나님의 온전하신 뜻
- 갈5:22-23: 사랑, 희락, 화평, 오래 참음, 자비, 양선, 충성, 온유, 절제.
- 벧전1:5-8: 믿음―덕―지식―절제―인내―경건―형제우애―사랑
- 잠4:23: 마음
- 빌2:12-16: 구원을 이루심. 궁극적인 소원: 그리스도의 날에 자랑할 것이 있게 함
- 구원의 자세: 항상 복종하여 두렵고 떨림으로 구원. 일에 대한 태도: 원망과 시비가 없게 하라.

- 히4:12: 말씀의 능력: 살아 있고 활력이 있어, 좌우의 날선 어떤 검보다 예리함
- 통증: 혼과 영과 관절과 골수를 찔러 쪼개기까지 함.
  말씀을 듣고 거부한 경우: 사람의 말로 들음 또는 비 복음이 선포될 때. 마음의 상태: 말씀을 거부하는 마음 또는 가시떨기, 돌짝밭, 길가, 묵은 밭이다. 또는 말씀을 거부하는 사탄의 마음이 지배한다.
- 롬10:17: 믿음이 성장한다.
- 신17:19: 하나님 경외하는 것과 율법의 모든 말과 규례를 지켜 행함.
- 묵상: 새김질로 이해하라.
- 골3:16: 지혜로 피차 가르치고 권면한다. 찬양의 입술, 감사의 마음
- 마7:24: 반석 위에 세운 집
- 딤후 3:15-17: 구원의 지혜, 의로 교육하기 유익하다. 하나님의 사람으로 온전하게 하며 모든 선한 일을 행할 능력을 갖추게 함.
- 롬8:28-29: 아들의 형상을 본받기 위하여, 모든 것을 합력하여 선을 이루심
- 롬5:3-4: 인내, 연단, 소망
- 벧전1:7: 금보다 더 귀한 믿음
- 렘29:11: 평안과 소망
- 약1:3-4: 인내
- 창50:15-21: 악을 선으로 바꾸어 많은 사람의 생명을 구하시고자 선하신 뜻이다.
- 벧전5:8: 우는 사자 같이 삼킬 자를 찾는다.
- 히3:12: 믿지 아니하는 악심을 품게 유혹한다.
- 요8:44: 거짓말

- 약1:14-16: 욕심
- 약1:13: 시험하지 않는다. 사탄, 마귀
- 롬8:35-38: 예수 안에 있는 하나님의 사랑
- 고전10:13: 피할 길과 능히 감당케 한다.
- 히4:15: 연약함을 동정하시는 분
- 약1:12: 생명의 면류관
- 벧전5:8: 근신하라. 깨어라. 대적하라.
- 엡6:13-19: 전신갑주를 취하라.
- 빌4:8: 배우고, 듣고, 본 바를 행하라.
- 갈5:22-23: 미움, 슬픔, 분쟁, 조급함, 살인, 악한 생각, 게으름, 방종 등
- 엡4:13: 그리스도의 장성한 분량. 열심: 하나님의 아들을 믿는 것과 아는 일에 하나 되어.
- 빌1:6: 착한 일, 시작에서 그리스도 예수의 날까지
- 약1:4: 인내
- 합2:3: 기다림의 신앙
- 딤후 3:14: 배우는 일, 확신한 일에 거하는 것
- 빌2:12: 구원을 위한 두렵고 떨리는 마음으로 경건 생활을 하라.
- 딤전4:15: 열심의 모습으로 진보를 나타냄

성도입니까?(Ⅰ)

2010년 3월 10일 초판 발행
2010년 5월 10일 2 쇄 발행
지 은 이 • 서임중/황보 갑 공저
발 행 처 • 선교햇불
등 록 일 • 1999년 9월 21일 제54호
등록주소 • 서울시 송파구 삼전동 103번지
전　　화 • 02-2203-2739
팩　　스 • 02-2203-2738
E-mail • ccm2you@gmail.com
Homepage • www.ccm2u.com